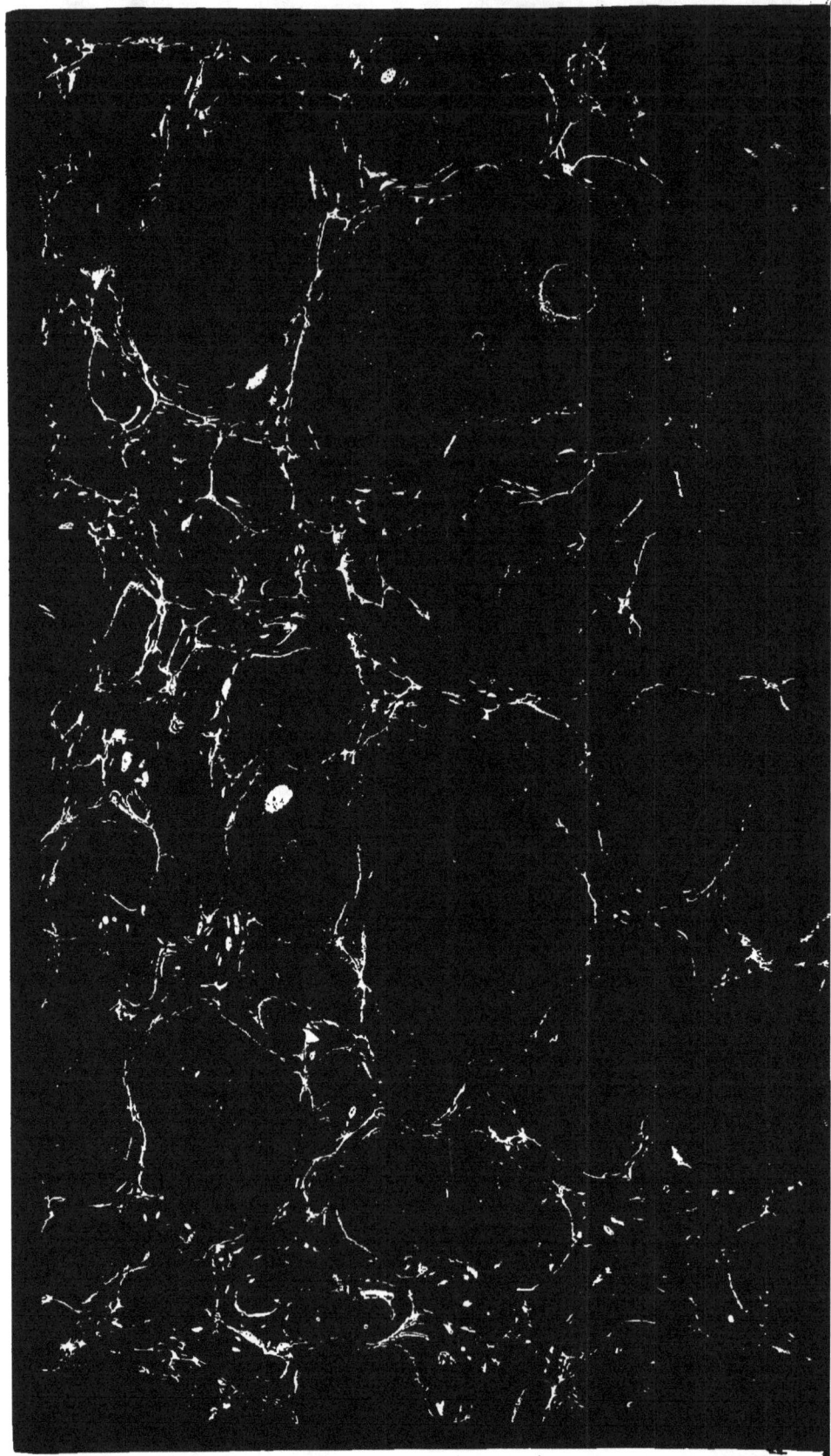

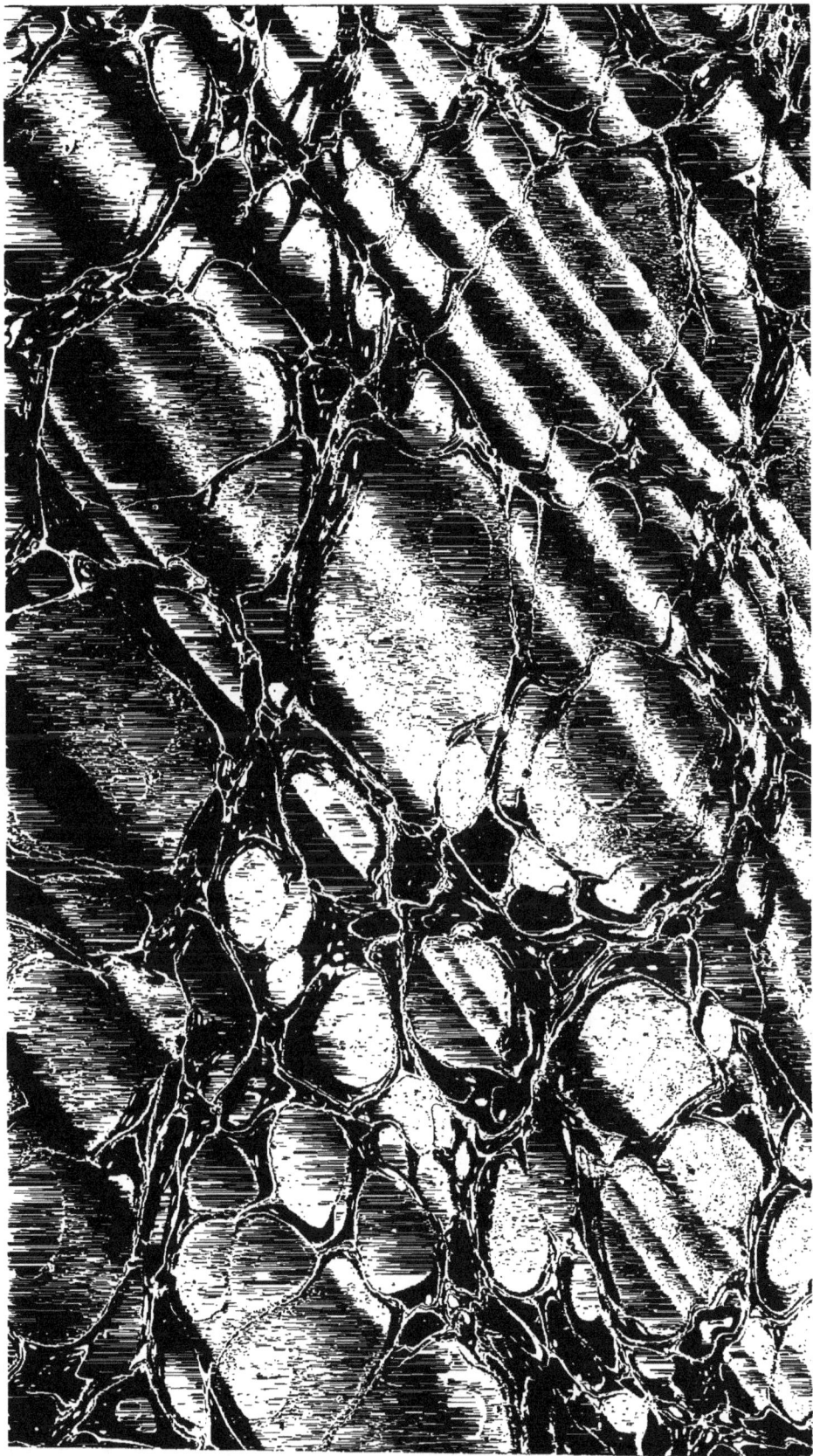

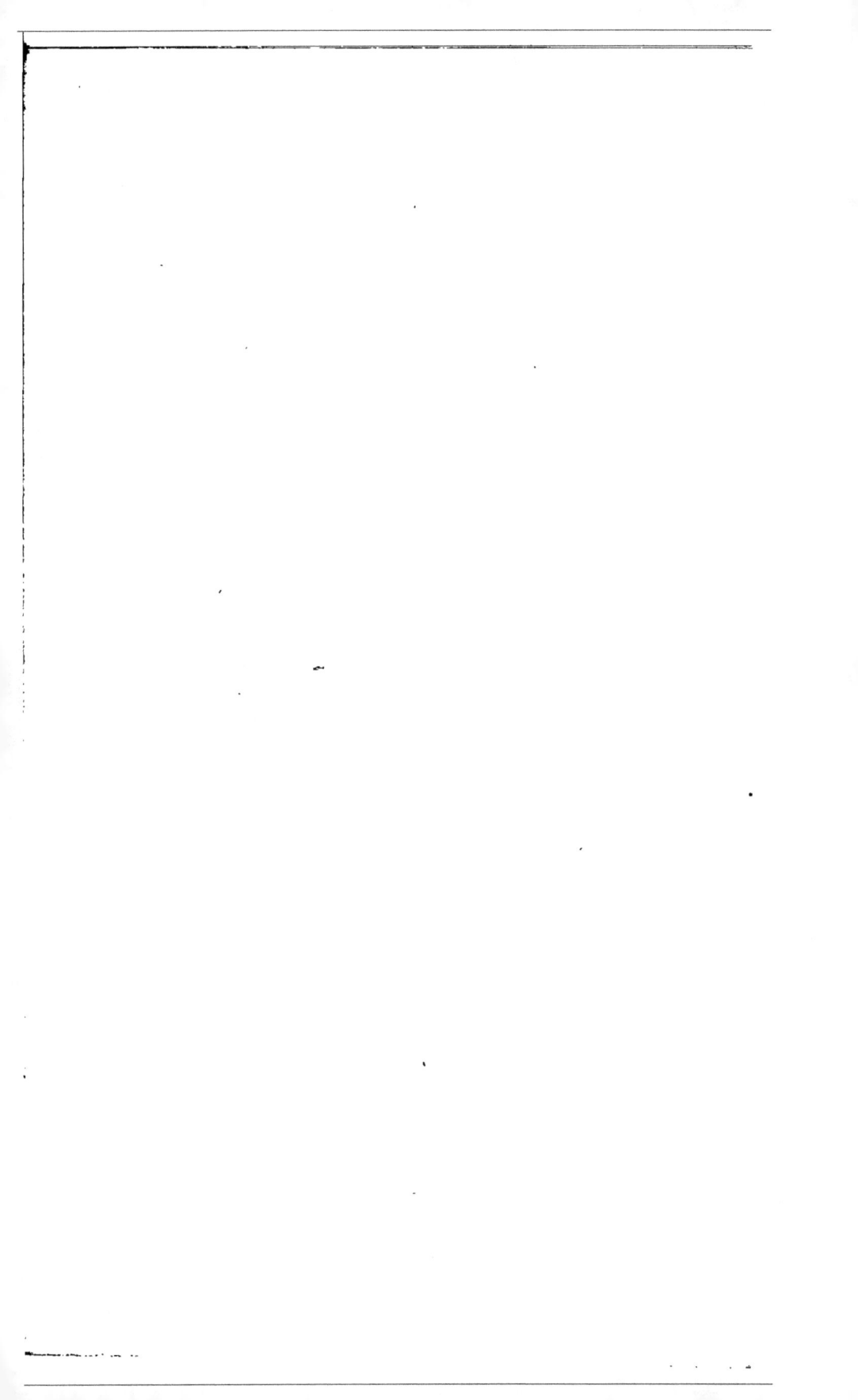

31804

CODE

DES INSTITUTEURS

OU RECUEIL

Des Loi , Ordonnances , Arrêtés du Conseil de l'Université , Circulaires
ministérielles ,

MIS EN ORDRE

Par un Inspecteur primaire ;

A l'usage des Instituteurs , des Institutrices et des membres des Comités
supérieurs et locaux.

AVIGNON ,

IMPRIMERIE JACQUET , RUE ST-MARC , 22.
1846.

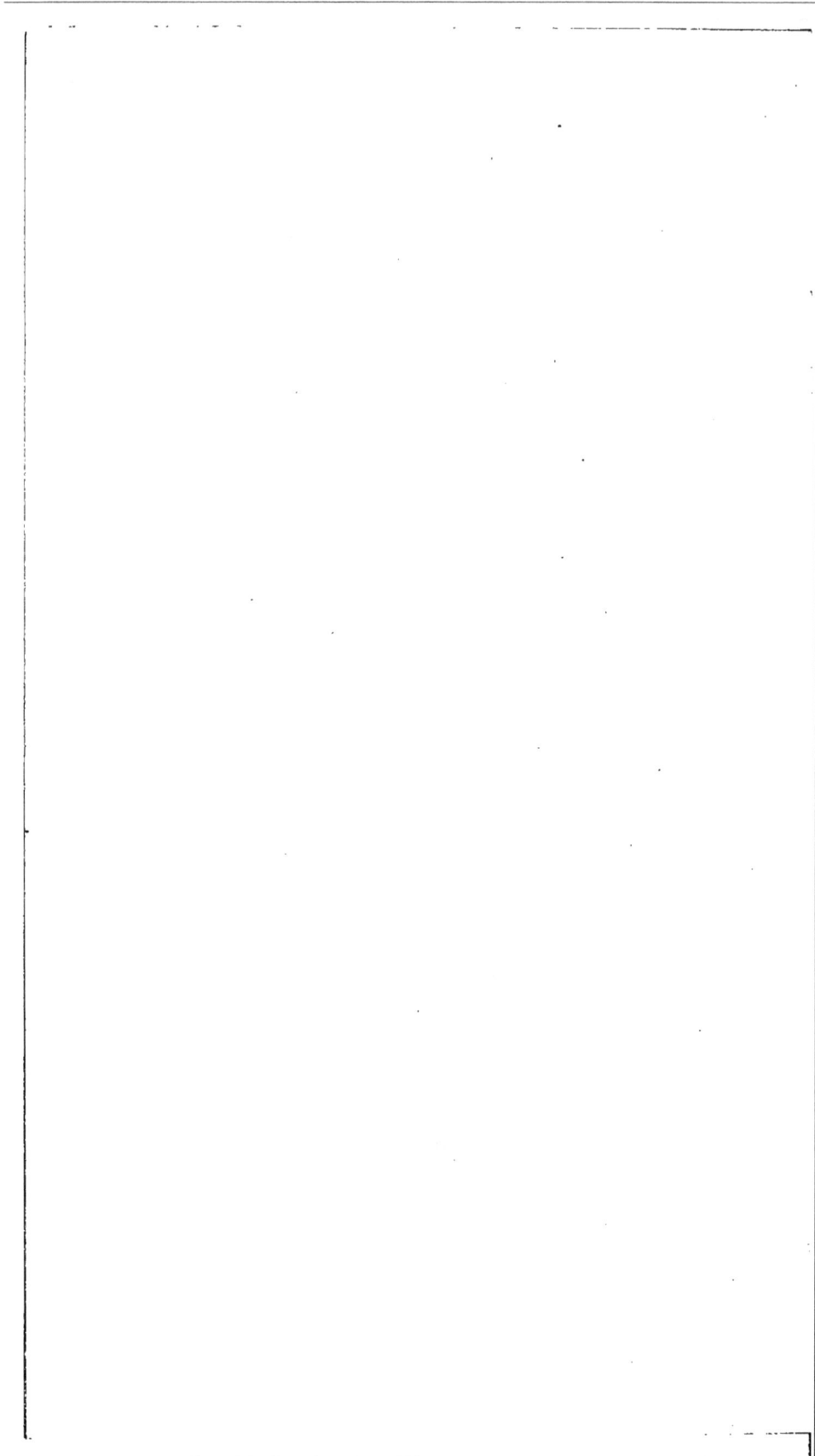

TABLE DES MATIÈRES.

FIN.

LOI SUR L'INSTRUCTION PRIMAIRE.

————◦◦◦◦◦————

LOUIS-PHILIPPE, ROI DES FRANÇAIS,

A tous présens et à venir, SALUT.

Nous avons proposé, les chambres ont adopté, NOUS AVONS ORDONNÉ et ORDONNONS ce qui suit :

TITRE PREMIER.

DE L'INSTRUCTION PRIMAIRE ET DE SON OBJET.

ART. 1er. L'instruction primaire est élémentaire ou supérieure.

L'instruction primaire élémentaire comprend nécessairement l'instruction morale et religieuse, la lecture, l'écriture, les éléments de la langue française et du calcul, le système des poids et mesures.

L'instruction primaire supérieure comprend nécessairement, en outre, les éléments de la géométrie et ses applications usuelles, spécialement le dessin linéaire et l'arpentage, des notions des sciences physiques et de l'histoire naturelle applicables aux usages de la vie ; le chant, les éléments de l'histoire et de la géographie, et surtout de l'histoire et de la géographie de la France.

Selon les besoins et les ressources des localités, l'instruction primaire pourra recevoir les développements qui seront jugés convenables.

2. Le vœu des pères de famille sera toujours consulté et suivi en ce qui concerne la participation de leurs enfants à l'instruction religieuse.

3. L'instruction primaire est privée ou publique.

1

TITRE II.

DES ÉCOLES PRIMAIRES PRIVÉES.

4. Tout individu âgé de dix-huit ans accomplis pourra exercer la profession d'instituteur primaire et diriger tout établissement quelconque d'instruction primaire, sans autres conditions que de présenter préalablement au maire de la commune où il voudra tenir école :

1°. Un brevet de capacité obtenu, après examen, selon le degré de l'école qu'il veut établir ;

2_0. Un certificat constatant que l'impétrant est digne, par sa moralité, de se livrer à l'enseignement. Ce certificat sera délivré, sur l'attestation de trois conseillers municipaux, par le maire de la commune ou de chacune des communes où il aura résidé depuis trois ans.

5. Sont incapables de tenir école :

1°. Les condamnés à des peines afflictives ou infamantes ;

2°. Les condamnés pour vol, escroquerie, banqueroute, abus de confiance ou attentat aux mœurs, et les individus qui auront été privés par jugement de tout ou partie des droits de famille mentionnés aux paragraphes 5 et 6 de l'article 42 du Code pénal;

3°. Les individus interdits en exécution de l'article 7 de la présente loi.

6. Quiconque aura ouvert une école primaire en contravention à l'article 5, ou sans avoir satisfait aux conditions prescrites par l'article 4 de la présente loi, sera poursuivi devant le tribunal correctionnel du lieu du délit, et condamné à une amende de cinquante à deux cents francs : l'école sera fermée.

En cas de récidive, le délinquant sera condamné à un emprisonnement de quinze à trente jours et à une amende de cent à quatre cents francs.

7. Tout Instituteur privé, sur la demande du comité mentionné dans l'article 19 de la présente loi, ou sur la poursuite d'office du ministère public, pourra être traduit, pour cause d'inconduite ou d'immoralité, devant le tribunal civil de l'arrondissement, et être interdit de l'exercice de sa profession à temps ou à toujours.

Le tribunal entendra les parties, et statuera sommairement en chambre du conseil. Il en sera de même sur l'appel, qui devra être interjeté dans le délai de dix jours, à compter du jour de la notification du jugement, et qui, en aucun cas, ne sera suspensif.

Le tout sans préjudice des poursuites qui pourraient avoir lieu pour crimes, délits ou contraventions prévus par les lois.

TITRE III.

DES ÉCOLES PRIMAIRES PUBLIQUES.

8. Les écoles primaires publiques sont celles qu'entretiennent, en tout ou en partie, les communes, les départements ou l'État.

9. Toute commune est tenue, soit par elle-même, soit en se réunissant à une ou plusieurs communes voisines, d'entretenir au moins une école primaire élémentaire.

Dans le cas où les circonstances locales le permettraient, le ministre de l'instruction publique pourra, après avoir entendu le conseil municipal, autoriser, à titre d'écoles communales, des écoles plus particulièrement affectées à l'un des cultes reconnus par l'État.

10. Les communes, chefs-lieux de département, et celles dont la population excède six mille ames, devront avoir en outre une école primaire supérieure.

11. Tout département sera tenu d'entretenir une école normale primaire, soit par lui-même, soit en se réunissant à un ou plusieurs départements voisins.

Les conseils généraux délibéreront sur les moyens d'assurer l'entretien des écoles normales primaires. Ils délibéreront également sur la réunion de plusieurs départements pour l'entretien d'une seule école normale. Cette réunion devra être autorisée par ordonnance royale.

12. Il sera fourni à tout Instituteur communal :

1º. Un local convenablement disposé, tant pour lui servir d'habitation que pour recevoir les élèves ;

2º. Un traitement fixe, qui ne pourra être moindre de deux cents francs pour une école primaire élémentaire, et de quatre cents francs pour une école primaire supérieure.

13. A défaut de donations, fondations ou legs, qui assurent un local et un traitement, conformément à l'article précédent, le conseil municipal délibérera sur les moyens d'y pouvoir.

En cas d'insuffisance des revenus ordinaires pour l'établissement des écoles primaires communales élémentaires et supérieures, il y sera pourvu au moyen d'une imposition spéciale, votée par le conseil municipal, ou, à défaut du vote de ce conseil, établie par ordonnance royale. Cette imposition, qui devra être autorisée chaque année par la loi de finances, ne pourra excéder trois centimes additionnels au principal des contributions foncière, personnelle et mobilière.

Lorsque des communes n'auront pu, soit isolément, soit par la réunion de plusieurs d'entre elles, procurer un local et assurer le traitement au moyen de cette contribution de trois centimes, il sera pourvu aux dépenses reconnues nécessaires à l'instruction primaire, et, en cas d'insuffisance des fonds départementaux, par une imposition spéciale votée par le conseil général du département, ou, à défaut du vote de ce conseil, établie par ordonnance royale. Cette imposition, qui devra être autorisée chaque année par la loi de finances, ne pourra excéder deux centimes additionnels au principal des contributions foncière, personnelle et mobilière.

Si les centimes ainsi imposés aux communes et aux départements ne suffisent pas aux besoins de l'instruction primaire, le ministre de l'instruction publique y pourvoira au moyen d'une subvention prélevée sur le crédit qui sera porté annuellement pour l'instruction primaire au budget de l'État.

Chaque année, il sera annexé, à la proposition du budget, un rapport détaillé sur l'emploi des fonds alloués pour l'année précédente.

14. En sus du traitement fixe, l'Instituteur communal recevra une rétribution mensuelle dont le taux sera réglé par le conseil municipal, et qui sera perçue dans la même forme et selon les mêmes règles que les contributions publiques directes. Le rôle en sera recouvrable, mois par mois, sur un état des élèves certifié par l'Instituteur, visé par le maire, et rendu exécutoire par le sous-préfet.

Le recouvrement de la rétribution ne donnera lieu qu'au remboursement des frais par la commune, sans aucune remise au profit des agens de la perception.

1*

Seront admis gratuitement , dans l'école communale élé-mentaire , ceux des élèves de la commune, ou des communes réunies , que les conseils municipaux auront désignés comme ne pouvant payer aucune rétribution.

Dans les écoles primaires supérieures , un nombre de places gratuites , déterminé par le conseil municipal, pourra être réservé pour les enfants qui , après concours , auront été désignés par le comité d'instruction primaire , dans les familles qui seront hors d'état de payer la rétribution.

15. Il sera établi , dans chaque département, une caisse d'épargne et de prévoyance en faveur des Instituteurs primaires communaux.

Les statuts de ces caisses d'épargne seront déterminés par des ordonnances royales.

Cette caisse sera formée par une retenue annuelle d'un vingtième sur le traitement fixe de chaque Instituteur communal. Le montant de la retenue sera placé au compte ouvert au trésor royal pour les caisses d'épargne et de prévoyance ; les intérêts de ces fonds seront capitalisés tous les six mois. Le produit total de la retenue exercée sur chaque Instituteur lui sera rendu à l'époque où il se retirera, et, en cas de décès dans l'exercice de ses fonctions , à sa veuve ou à ses héritiers.

Dans aucun cas , il ne pourra être ajouté aucune subvention , sur les fonds de l'Etat, à cette caisse d'épargne et de prévoyance ; mais elle pourra , dans les formes et selon les règles prescrites pour les établissements d'utilité publique , recevoir des dons et legs dont l'emploi, à défaut de dispositions des donateurs ou des testateurs , sera réglé par le conseil général.

16. Nul ne pourra être nommé Instituteur communal , s'il ne remplit les conditions de capacité et de moralité prescrites par l'article 4 de la présente loi , ou s'il se trouve dans un des cas prévus par l'article 5.

TITRE IV.

DES AUTORITÉS PRÉPOSÉES A L'INSTRUCTION PRIMAIRE.

17. Il y aura près de chaque école communale un comité local de surveillance composé du maire ou adjoint, président du curé ou pasteur , et d'un ou plusieurs habitants notables désignés par le comité d'arrondissement.

Dans les communes dont la population est répartie entre différents cultes reconnus par l'Etat, le curé ou le plus ancien des curés , et un des ministres de chacun des autres cultes , désigné par son consistoire , feront partie du comité communal de surveillance.

Plusieurs écoles de la même commune pourront être réunies sous la surveillance du même comité.

Lorsqu'en vertu de l'article 9 plusieurs communes se seront réunies pour entretenir une école , le comité d'arrondissement désignera , dans chaque commune , un ou plusieurs habitants notables pour faire partie du comité. Le maire de chacune des communes fera en outre partie du comité.

Sur le rapport du comité d'arrondissement , le ministre de l'instruction publique pourra dissoudre un comité local de surveillance et le remplacer par un comité spécial , dans lequel personne ne sera compris de droit.

18. Il sera formé dans chaque arrondissement de sons-préfecture un comité spécialement chargé de surveiller et d'encourager l'instruction primaire.

Le ministre de l'instruction publique pourra, suivant la population et les besoins des localités, établir dans le même arrondissement plusieurs comités dont il déterminera la circonscription par cantons isolés ou agglomérés.

19. Sont membres des comités d'arrondissement :

Le maire du chef-lieu ou le plus ancien des maires du chef-lieu de la circonscription ;

Le juge de paix ou le plus ancien des juges de paix de la circonscription ;

Le curé ou le plus ancien des curés de la circonscription ;

Un ministre de chacun des autres cultes reconnus par la loi, qui exercera dans la circonscription, et qui aura été désigné comme il est dit au second paragraphe de l'article 17 ;

Un proviseur, principal de collége, professeur, régent, chef d'institution, ou maître de pension, désigné par le ministre de l'instruction publique, lorsqu'il existera des colléges, institutions ou pensions dans la circonscription du comité ;

Un Instituteur primaire, résidant dans la circonscription du comité, et désigné par le ministre de l'instruction publique ;

Trois membres du conseil d'arrondissement ou habitants notables désignés par ledit conseil.

Le préfet préside de droit tous les comités du département, et le sous-préfet tous ceux de l'arrondissement ; le procureur du roi est membre, de droit, de tous les comités de l'arrondissement.

Le comité choisit tous les ans son vice-président et son secrétaire ; il peut prendre celui-ci hors de son sein. Le secrétaire, lorsqu'il est choisi hors du comité, en devient membre par sa nomination.

20. Les comités s'assembleront au moins une fois par mois. Ils pourront être convoqués extraordinairement sur la demande d'un délégué du ministre ; ce délégué assistera à la délibération.

Les comités ne pourront délibérer s'il n'y a au moins cinq membres présents pour les comités d'arrondissement, et trois pour les comités communaux ; en cas de partage, le président aura voix prépondérante.

Les fonctions des notables qui font partie des comités dureront trois ans ; ils seront indéfiniment rééligibles.

21. Le comité communal a inspection sur les écoles publiques ou privées de la commune. Il veille à la salubrité des écoles et au maintien de la discipline, sans préjudice des attributions du maire en matière de police municipale.

Il s'assure qu'il a été pourvu à l'enseignement gratuit des enfants pauvres.

Il arrête un état des enfants qui ne reçoivent l'instruction primaire ni à domicile, ni dans les écoles privées ou publiques.

Il fait connaître au comité d'arrondissement les divers besoins de la commune sous le rapport de l'instruction primaire.

En cas d'urgence, et sur la plainte du comité communal, le maire peut ordonner provisoirement que l'Instituteur sera suspendu de ses fonctions, à la charge de rendre compte, dans les vingt-quatre heures, au comité d'arrondissement, de cette suspension et des motifs qui l'ont déterminée.

Le conseil municipal présente au comité d'arrondissement les candidats pour les écoles publiques, après avoir préalablement pris l'avis du comité communal.

22. Le comité d'arrondissement inspecte, et au besoin fait inspecter, par des délégués pris parmi ses membres ou hors de son sein, toutes les écoles primaires de son ressort. Lorsque les délégués ont été choisis par lui hors de son sein, ils ont droit d'assister à ses séances avec voix délibérative.

Lorsqu'il le juge nécessaire, il réunit plusieurs écoles de la même commune sous la surveillance du même comité, ainsi qu'il a été prescrit à l'article 17.

Il envoie chaque année au préfet et au ministre de l'instruction publique l'état de situation de toutes les écoles primaires du ressort.

Il donne son avis sur les secours et les encouragements à accorder à l'instruction primaire.

Il provoque les réformes et les améliorations nécessaires.

Il nomme les Instituteurs communaux sur la présentation du conseil municipal, procède à leur installation, et reçoit leur serment.

Les Instituteurs communaux doivent être institués par le ministre de l'instruction publique.

23. En cas de négligence habituelle, ou de faute grave de l'Instituteur communal, le comité d'arrondissement ou sur la plainte adressée par le comité communal, mande l'Instituteur inculpé; après l'avoir entendu ou dûment appelé il le réprimande ou le suspend pour un mois avec ou sans privation de traitement, ou même le révoque de ses fonctions.

L'Instituteur frappé d'une révocation pourra se pouvoir devant le ministre de l'instruction publique, en conseil royal. Ce pourvoi devra être formé dans le délai d'un

nois, à partir de la notification de la décision du comité,
le laquelle notification il sera dressé procès-verbal par le
naire de la commune. Toutefois, la décision du comité
st exécutoire par provision.

Pendant la suspension de l'Instituteur, son traitement,
'il en est privé, sera laissé à la disposition du conseil
nunicipal, pour être alloué, s'il y a lieu, à un Insti-
uteur remplaçant.

24. Les dispositions de l'article 7 de la présente loi,
elatives aux Instituteurs privés, sont applicables aux Insti-
uteurs communaux.

25. Il y aura dans chaque département une ou plusieurs
ommissions d'instruction primaire, chargées d'examiner
us les aspirans aux brevets de capacité, soit pour l'instruc-
on primaire élémentaire, soit pour l'instruction primaire
upérieure, et qui délivreront lesdits brevets sous l'auto-
té du ministre. Ces commissions seront également char-
ées de faire les examens d'entrée et de sortie des élèves
e l'école normale primaire.

Les membres de ces commissions seront nommés par le
inistre de l'instruction publique.

Les examens auront lieu publiquement et à des époques
éterminées par le ministre de l'instruction publique.

La présente loi, discutée, délibérée et adoptée par la
ambre des pairs et par celle des députés, et sanctionnée
r nous cejourd'hui, sera exécutée comme loi de l'Etat.

DONNONS EN MANDEMENT à nos cours et tribunaux,
éfets, corps administratifs et tous autres, que les pré-
ntes ils gardent et maintiennent, fassent garder, obser-
er et maintenir, et, pour les rendre plus notoires à tous,

ils les fassent publier et enregistrer partout où besoin sera; et, afin que ce soit chose ferme et stable à toujours, nous y avons fait mettre notre sceau.

Fait à Paris, le vingt huitième jour du mois de juin 1833.

LOUIS-PHILIPPE.

Par le Roi:

Le ministre secrétaire d'état au département de l'instruction publique,

GUIZOT.

Vu et scellé du grand sceau,
Le garde des sceaux de France, ministre secrétaire d'état au département de la justice.

BARTHE.

—————————

ORDONNANCE DU ROI.

LOUIS-PHILIPPE, roi des Français, etc.

Vu la loi du 28 juin 1833 sur l'instruction primaire;

Sur le rapport de notre ministre secrétaire d'état au département de l'instruction publique;

Notre conseil de l'instruction publique entendu;

Nous avons ordonné et ordonnons ce qui suit:

TITRE PREMIER.

De l'organisation des écoles primaires publiques.

Art. 1er. Les conseils municipaux délibéreront chaque année, dans leur session du mois de mai, sur la création ou l'entretien des écoles primaires communales, élémentaires ou supérieures, sur le taux de la rétribution mensuelle, et du traitement fixe à accorder à chaque Instituteur, et sur les sommes à voter soit pour acquitter cette dernière dépense, soit pour acquérir, construire, réparer ou louer des maisons d'école.

Ils dresseront annuellement, dans leur session du mois d'août, l'état des élèves qui devront être reçus gratuitement à l'école primaire élémentaire.

Ils détermineront, s'il y a lieu, dans cette même session, je nombre des places gratuites qui pourront être mises au concours pour l'école primaire supérieure.

2. Dans le cas où des communes limitrophes ne pourraient entretenir, chacune pour son compte, une école primaire élémentaire, les maires se concerteront pour établir une seule école à l'usage des dites communes.

La réunion des communes à cet effet ne pourra être opérée que du consentement formel des conseils municipaux, et avec l'approbation de notre ministre de l'instruction publique.

A défaut de convention contraire de la part des conseil municipaux, les dépenses auxquelles l'entretien des écoles donnera lieu seront réparties entre les communes réunies, proportionnellement au montant de leurs contributions foncière, personnelle et mobilière. Cette répartition sera faite par le Préfet.

Une réunion de communes ainsi opérée pourra être dissoute par notre ministre de l'instruction publique, sur la demande motivée d'un ou plusieurs conseils municipaux, mais à condition que ces conseils prendront l'engagement de pourvoir sans délai à l'établissement et à l'entretien des écoles de leurs communes respectives.

3. Les maires des communes qui ne possèdent point de locaux convenablement disposés, tant pour servir d'habitation à leurs Instituteurs communaux que pour recevoir les élèves, et qui ne pourraient en acheter ou en faire construire immédiatement, s'occuperont sans délai de louer des bâti-

2

ments propres à cette destination. Les conditions du bail seront soumises au conseil municipal et à l'approbation du Préfet.

Pendant la durée du bail, qui ne pourra excéder six années, les conseils municipaux prendront les mesures nécessaires pour se mettre en état d'acheter ou de faire construire des maisons d'école, soit avec leurs propres ressources, soit avec les secours qui pourraient leur être accordés par le département ou par l'état.

4. Lorsqu'une commune, avec ses ressources ordinaires, ainsi qu'avec le produit des fondations, donations ou legs qui pourraient être affectés aux besoins de l'instruction primaire, ne sera pas en état de pourvoir au traitement des Instituteurs, et de procurer le local nécessaire, le conseil municipal sera appelé à voter, jusqu'à concurrence de trois centimes additionnels au principal des contributions foncière, personnelle et mobilière, une imposition spéciale à 'effet de pourvoir à ces dépenses.

5. Les délibérations par lesquelles les conseils municipaux auront réglé le nombre des écoles communales, fixé le traitement des Instituteurs, arrêté les mesures ou les conventions relatives aux maisons d'école, et voté les fonds, seront envoyées avant le 1er juin, pour l'arrondissement chef-lieu au préfet, et pour les autres arrondissements aux sous-préfets, qui les transmettront dans les dix jours au préfet, avec leur avis.

6. Les préfets inséreront sommairement les résultats de ces délibérations sur un tableau dont le modèle leur sera transmis par notre Ministre de l'instruction publique, et qui indiquera les sommes qu'ils jugeront devoir être fournies par le département, pour assurer le traitement des Instituteurs communaux, et pour procurer des locaux convenables.

Ces tableaux seront présentés aux conseils généraux dans leur session ordinaire annuelle.

7. Dès que l'ordonnance royale de convocation des conseils généraux et des conseils d'arrondissement, pour leur session ordinaire annuelle, aura été publiée, les préfets enverront à notre ministre de l'instruction publique une copie de ces tableaux.

Ils enverront en même temps l'état des communes qui n'auraient pas encore fixé le traitement de leurs instituteurs communaux, ni assuré un local pour l'école, avec indication des revenus de chaque commune, du produit annuel des fondations ou legs, et de la portion de ce produit et de ces revenus que la commune pourrait affecter à cette dépense.

8. Dans les cas où les votes des communes n'auraient pas pourvu au traitement de l'instituteur et à l'établissement de la maison d'école, une ordonnance royale autorisera, s'il y a lieu, dans les limites fixées par la loi, une imposition spéciale sur ces communes, à l'effet de pourvoir à ces dépenses.

La somme ainsi recouvrée ne pourra sous aucun prétexte être employée à d'autres dépenses qu'à celles de l'instruction primaire.

9. Si des conseils généraux de département ne votaient pas, en cas d'insuffisance de leurs revenus ordinaires, l'imposition spéciale destinée à couvrir, autant qu'il se pourra, les dépenses nécessaires, cette imposition sera établie, s'il y a lieu, par ordonnance royale, dans les limites fixées par la loi.

10. Lorsque, dans le cas d'insuffisance des revenus ordinaires des communes et des départemens, et des impositions

penses de cette école, autres que celles qui seront couvertes par le produit des bourses fondées par les communes, les départemens ou l'état, seront réparties entre eux dans la proportion de la population, du nombre des communes et du montant des contributions foncière, personnelle et mobilière.

Cette répartition sera faite par notre ministre de l'instruction publique.

22. Lorsqu'un conseil général n'aura pas compris, dans le budget des dépenses du département, la somme nécessaire pour l'entretien de l'école normale primaire, une ordonnance royale prescrira de l'y porter d'office, au chapitre des dépenses variables ordinaires.

23. Dans les départemens d'une étendue considérable, et dont les habitans professent différens cultes, notre ministre de l'instruction publique, sur la demande des conseils généraux, ou sur celle des conseils municipaux qui offriraient de concourir au paiement des dépenses nécessaires, et sur la proposition des préfets et des recteurs, pourra autoriser, après avoir pris l'avis du conseil royal, outre les écoles normales, l'établissement d'écoles-modèles qui seront aussi appelées à former des instituteurs primaires.

TITRE IV.

Des autorités préposées à l'instruction primaire.

24. Les comités d'arrondissement fixeront annuellement, dans leur réunion du mois de janvier, l'époque de chacun des autres mois où ils s'assembleront.

que, et déposés au secrétariat des préfectures, des sous-préfectures, des mairies, des chefs-lieux de canton et des comités d'arrondissement, ainsi qu'au secrétariat de chaque académie.

14. Le tableau de toutes les communes du royaume, avec l'indication de leur population et de leurs revenus ordinaires et extraordinaires, divisé par départemens, arrondissemens et cantons, sera adressé tous les cinq ans par notre ministre du commerce et des travaux publics à notre ministre de l'instruction publique.

15. Chaque année, notre ministre de l'instruction publique fera dresser un état des communes qui ne possèdent point de maisons d'école, de celles qui n'en ont pas en nombre suffisant, à raison de leur population, et enfin de celles qui n'en ont point de convenablement disposées.

Cet état fera connaître les sommes votées par les communes et par les départemens, en exécution des art. 1er et suivans de la présente ordonnance, soit pour les instituteurs, soit pour les maisons d'école. Il indiquera généralement tous les besoins de l'instruction primaire, et sera distribué aux chambres.

TITRE II.

Des écoles primaires privées.

16. Aussitôt que le maire d'une commune aura reçu la déclaration à lui faite, aux termes de l'art. 4 de la loi, par un individu qui remplira les conditions prescrites et qui voudra tenir une école, soit élémentaire, soit supérieure, il inscrira cette déclaration sur un registre spécial, et en délivrera récépissé au déclarant.

2.

Il enverra au comité de l'arrondissement et au recteur de l'académie des copies de cette déclaration, ainsi que du certificat de moralité que doit présenter l'instituteur.

17. Est considérée comme école primaire toute réunion habituelle d'enfans de différentes familles, qui a pour but l'étude de tout ou partie des objets compris dans l'enseignement primaire.

18. Tout local destiné à une école primaire privée sera préalablement visité par le maire de la commune ou par un des membres du comité communal, qui en constatera la convenance et la salubrité.

19. Les instituteurs privés qui auront bien mérité de l'instruction primaire seront admis, comme les instituteurs communaux, sur le rapport des préfets et des recteurs, à participer aux encouragemens et aux récompenses que notre ministre de l'instruction publique distribue annuellement.

TITRE III.

Des écoles normales primaires.

20. Les préfets et les recteurs prépareront chaque année un aperçu des dépenses auxquelles donnera lieu l'école normale primaire que chaque département est obligé d'entretenir, soit par lui-même, soit en se réunissant à un ou plusieurs départemens voisins.

Cet aperçu sera présenté aux conseils généraux dans leur session ordinaire annuelle.

21. Lorsque plusieurs départemens se réuniront pour entretenir ensemble une école normale primaire, les dé-

spéciales qu'il sont autorisés à voter, l'état devra concourir au paiement du traitement fixe des instituteurs, ce traitement ne pourra excéder le minimum fixé par l'article 12 de la loi du 28 juin dernier.

11. Au commencement de chaque mois, l'instituteur communal remettra au maire l'état des parens des élèves qu auront fréquenté son école pendant le mois précédent, avec l'indication du montant de la rétribution mensuelle due par chacun d'eux.

Le recouvrement de ce rôle sera poursuivi par les mêmes voies que celui des contributions directes.

Tous les frais, autres que ceux de poursuites, seront remboursés par la commune. Les réclamations auxquelles la confection du rôle pourrait donner lieu seront rédigées sur papier libre, et déposées au secrétariat de la sous-préfecture.

Elles seront jugées par le conseil de préfecture, sur l'avis du comité local et du sous-préfet, lorsqu'il s'agira de décharges ou de réductions; par le préfet, sur l'avis du conseil municipal et du sous-préfet, lorsqu'il s'agira de remises et de modérations.

- 12. Les dépenses des écoles primaires et les diverses ressources qui y sont affectées font partie des recettes et dépenses des communes; elles doivent être comprises dans les budgets annuels et dans les comptes des receveurs municipaux; elles sont soumises à toutes les règles qui régissent la comptabilité communale.

13. Divers plans d'écoles primaires pour les communes rurales accompagnés de devis estimatifs détaillés, seront dressés par les soins de notre ministre de l'instruction publi-

La séance ainsi indiquée aura lieu sans qu'aucune convocation spéciale soit nécessaire.

25. En l'absence du président de droit et du vice-président nommé par le comité d'arrondissement, le comité est
présidé par le doyen d'âge.

26. Tout membre élu d'un comité qui, sans avoir justifié d'une excuse valable, n'aura point paru à trois séances
ordinaires consécutives, sera censé avoir donné sa démission, et sera remplacé conformément à la loi.

17. Les frais de bureau des comités communaux sont
supportés par la commune, et ceux des comités d'arrondissement par le département.

28. Lorsque le comité d'arrondissement nommera un
instituteur, il enverra immédiatement au recteur l'arrêté de
nomination avec l'avis du comité local, la délibération du
conseil municipal, la date du brevet de capacité, et une
copie du certificat de moralité.

Le recteur transmettra ces pièces à notre ministre de
l'instruction publique, qui donnera l'institution s'il y a lieu.

L'instituteur ne sera installé et ne prêtera serment qu'a-
près que notre ministre de l'instruction primaire lui aura
conféré l'institution ; mais le recteur pourra l'autoriser provisoirement à exercer ses fonctions.

TITRE V.

Dispositions transitoires.

29. Les conseils municipaux délibéreront, dans leur session
ordinaire du mois d'août prochain, sur l'organisation de
leurs écoles primaires publiques pour 1834. Ils s'occuperont

de tous les objets sur lesquels , aux termes du paragraphe 1er de l'art. 1er de la présente ordonnance , ils devront annuellement délibérer dans la session du mois de mai.

Les délibérations seront envoyées immédiatement aux préfets et aux sous-préfets , au plus tard avant le 20 août.

30. Les divers états que les préfets sont tenus d'adresser à notre ministre de l'instruction publique , aux termes de l'art. 8 de la présente ordonnance , aussitôt que l'ordonnace royale de convocation des conseils généraux et d'arrondissement a été publiée, lui seront envoyés , en 1833, avant le 5 septembre.

31. Les préfets présenteront aux conseils généraux , dans leur prochaine session , un aperçu des sommes nécessaires pour aider les communes à procurer un local et à assurer un traitement à leurs instituteurs pendant l'année 1834.

Les conseils généraux seront appelés à voter , conformément à l'art. 13 de la loi du 28 juin dernier sur l'instruction primaire, un crédit ou une imposition destinés à l'acquittement de cette dépense.

32. Les conseils généraux délibéreront également dans leur prochaine session sur les projets de statuts des caisses d'épargne et de prévoyance qui doivent être établies dans chaque département en faveur des instituteurs primaires communaux.

33. Dans le délai de trois mois , notre ministre de l'instruction publique réglera , conformément à l'art. 18 de la loi du 28 juin dernier , le nombre et la circonscription des comités d'arrondisement.

Dans les trois mois qui suivront l'installation des comités d'arrondissement , il sera procédé à l'organisation des comités communaux.

Jusqu'à l'installation des nouveaux comités, les comités actuels continueront leurs fonctions.

34. Pareillement jusqu'à l'installation des nouveaux comités, et lorsqu'il s'agira de nommer un instituteur communal, le conseil municipal présentera les candidats au comité placé au chef-lieu de l'arrondissement, après avoir pris l'avis du comité dont la commune ressort immédiatement. Le comité du chef-lieu d'arrondissement nommera l'instituteur, et se conformera aux dispositions de l'art. 28 de la présente ordonnance.

35. Dans le cas prévu par l'art. 23 de la loi du 28 juin dernier, le droit de suspension ou de révocation sera de même exercé par le comité placé au chef-lieu de l'arrondissement, ou d'office, ou sur la plainte adressée par le comité dont ressortira immédiatement l'instituteur inculpé.

36. Nos ministres de l'instruction publique, du commerce et des travaux publics, et des finances, sont chargés, chacun en ce qui le concerne, de l'exécution de la présente ordonnance.

Donné à Paris, au palais des Tuileries, le 16 juillet 1833.

———————

Ciculaire du minstre de l'Instruction publique aux instituteurs.

MONSIEUR,

Je vous transmets la loi du 28 juin dernier sur l'instruction primaire, ainsi que l'exposé des motifs qui l'accom-

pagnaît lorsque, d'après les ordres du roi, j'ai eu l'honneur
de la présenter, le 2 janvier dernier, à la chambre des
députés.

Cette loi, monsieur, est vraiment la charte de l'instruction primaire ; c'est pourquoi je désire qu'elle parvienne
directement à la connaissance et demeure en la possession
de tout instituteur. Si vous l'étudiez avec soin, si vous mé-
ditez attentivement ses dispositions ainsi que les motifs qui
en développent l'esprit, vous êtes assuré de bien connaître
vos devoirs et vos droits et la situation nouvelle que vous
destinent nos institutions.

Ne vous y trompez pas, monsieur ; bien que la carrière
de l'instituteur primaire soit sans éclat, bien que ses soins
et ses jours doivent le plus souvent se consumer dans l'en-
ceinte d'une commune, ses travaux intéressent la société
tout entière, et sa profession participe de l'importance des
fonctions publiques. Ce n'est pas pour la commune seulement, et dans un intérêt purement local, que la loi veut
que tous les français acquièrent les connaissances indispensables à la vie sociale, et sans lesquelles l'intelligence languit et quelquefois s'abrutit ; c'est aussi pour l'État
lui-même, et dans l'intérêt public ; c'est parce que la liberté n'est assurée et régulière que chez un peuple assez
éclairé pour écouter, en toute circonstance, la voix de la
raison. L'instruction primaire universelle est désormais une
des garanties de l'ordre et de la stabilité sociale. Comme
tout, dans les principes de notre gouvernement, est vrai et
raisonnable, développer l'intelligence, propager les lumières,
c'est assurer l'empire et la durée de la monarchie constitu-
tionnelle.

Pénétrez-vous donc , monsieur , de l'importance de votre mission ; que son utilité vous soit toujours présente dans les travaux assidus qu'elle vous impose. Vous le voyez , la législation et le gouvernement se sont efforcés d'améliorer la condition et d'assurer l'avenir des instituteurs. D'abord le libre exercice de leur profession dans tout le royaume leur est garanti , et le droit d'enseigner ne peut être ni refusé, ni retiré à celui qui se montre capable et digne d'une telle mission. Chaque commune doit en outre ouvrir un asile à l'instruction primaire. A chaque école communale un maître est promis. A chaque instituteur communal un traitement fixe est assuré. Une rétribution spéciale et variable vient l'accroître. Un mode de perception , à la fois plus conforme à votre dignité et à vos intérêts , en facilite le recouvrement, sans gêner d'ailleurs la liberté des conventions particulières. Par l'institution des caisses d'épargne , des ressources sont préparées à la vieillesse des maîtres. Dès leur jeunesse , la dispense du service militaire leur prouve la sollicitude qu'ils inspirent à la société. Dans leurs fonctions, ils ne sont soumis qu'à des autorités éclairées et désintéressées. Leur existence est mise à l'abri de l'arbitraire ou de la persécution. Enfin l'approbation de leurs supérieurs légitimes encouragera leur bonne conduite et constatera leurs succès; et quelquefois même une récompense brillante , à laquelle leur modeste ambition ne prétendait pas, peut venir leur attester que le gouvernement du roi veille sur leurs services et sait les honorer.

Toutefois, monsieur , je ne l'ignore point : la prévoyance de la loi , les ressources dont le pouvoir dispose ne réussiront jamais à rendre la simple profession de l'instituteur com-

munal aussi attrayante qu'elle est utile. La société ne saurait rendre, à celui qui s'y consacre, tout ce qu'il fait pour
elle. Il n'y a point de fortune à faire, il n'y a guère de re-
nommée à acquérir dans les obligations pénibles qu'il accom-
plit. Destiné à voir sa vie s'écouler dans un travail monotone,
quelquefois même à rencontrer autour de lui l'injustice ou
l'ingratitude de l'ignorance, il s'attristerait souvent et suc-
comberait peut-être s'il ne puisait sa force et son courage
ailleurs que dans la prospective d'un intérêt immédiat et
purement personnel. Il faut qu'un sentiment profond de
l'importance morale de ses travaux le soutienne et l'anime,
que l'austère plaisir d'avoir servi les hommes et secrètement
contribué au bien public, devienne le digne salaire que lui
donne sa conscience seule. C'est sa gloire de ne prétendre à
rien au-delà de son obscure et laborieuse condition, de
s'épuiser en sacrifices à peine comptés de ceux qui en profi-
tent, de travailler enfin pour les hommes et de n'attendre
sa récompense que de Dieu.

Aussi voit-on que, partout où l'enseignement primaire a
prospéré, une pensée religieuse s'est unie, dans ceux qui
le répandent, au goût des lumières et de l'instruction. Puis-
siez-vous, monsieur, trouver dans de telles espérances,
dans ces croyance dignes d'un esprit sain et d'un cœur pur,
une satisfaction et une constance que peut-être la raison
seule et le seul patriotisme ne vous donneraient pas!

C'est ainsi que les devoirs nombreux et divers qui vous
sont réservés vous paraîtront plus faciles, plus doux, et
prendront sur vous plus d'empire. Il doit m'être permis,
monsieur, de vous les rappeler. Désormais, en devenant
instituteur communal, vous appartenez à l'instruction pu-

5

blique ; le titre que vous portez, conféré par le ministre est placé sous sa sauve-garde. L'université vous réclame ; en même temps qu'elle vous surveille, elle vous protége, et vous admet à quelques-uns des droits qui font de l'enseignement une sorte de magistrature. Mais le nouveau caractère qui vous est donné m'autorise à vous retracer les engagemens que vous contractez en le recevant. Mon droit ne se borne pas à vous rappeler les dispositions des lois et réglemens que vous devez scrupuleusement observer ; c'est mon devoir d'établir et de maintenir les principes qui doivent servir de règle morale à la conduite de l'instituteur, et dont la violation compromettrait la dignité même du corps auquel lpourra appartenir désormais. Il ne suffit pas en effet de respecter le texte des lois ; l'intérêt seul y pourrait contraindre, car elles se vengent de celui qui les enfreint ; il faut encore et surtout prouver par sa conduite qu'on a compris la raison morale des lois, qu'on accepte volontairement et de cœur l'ordre qu'elles ont pour but de maintenir, et qu'à défaut de leur autorité on trouverait dans sa conscience une puissance sainte comme les lois, et non moins impérieuse.

Les premiers de vos devoirs, monsieur, sont envers les enfans confiés à vos soins. L'instituteur est appelé par le père de famille au partage de son autorité naturelle ; il doit l'exercer avec la même vigilance et presque avec la même tendresse. Non-seulement la vie et la santé des enfans sont remises à sa garde, mais l'éducation de leur cœur et de leur intelligence dépend de lui presque tout entière. En ce qui concerne l'enseignement proprement dit, rien ne vous manquera de ce qui peut vous guider. Non-seulement une école

normale vous donnera des leçons et des exemples ; non-seulement les comités s'attacheront à vous transmettre des instructions utiles , mais encore l'universté même se maintiendra avec vous en constante communication. Le roi a bien
voulu approuver la publication d'un journal spécialement
destiné à l'enseignement primaire. Je veillerai à ce que le
Manuel général répande partout , avec les actes officiels qui
vous intéressent , la connaissance des méthodes sûres , des
tentatives heureuses , les notions pratiques que réclament
les écoles , la comparaison des résultats obtenus en France
ou à l'étranger , enfin tout ce qui peut diriger le zèle , faciliter le succès , entretenir l'émulation.

Mais quant à l'éducation morale , c'est en vous , surtout ,
monsieur , que je me fie. Rien ne peut suppléer en vous la
volonté de bien faire. Vous n'ignorez pas que c'est là , sans
aucun doute , la plus importante et la plus difficile partie
de votre mission. Vous n'ignorez pas qu'en vous confiant
un enfant , chaque famille vous demande de lui rendre un
honnête homme , et le pays un bon citoyen. Vous le savez ›
les vertus ne suivent pas toujours les lumières , et les leçons
que reçoit l'enfance pourrait lui devenir funestes si elles ne
s'adressait qu'à son intelligence. Que l'instituteur ne craigne
donc pas d'entreprendre sur les droits des familles en donnant ses premiers soins à la culture intérieure de l'ame de
ses élèves. Autant il doit se garder d'ouvrir son école à
l'esprit de secte ou de parti , et de nourrir les enfans dans
des doctrines religieuses ou politiques qui les mettent pour
ainsi dire en révolte contre l'autorité des conseils domesti-
ques , autant il doit s'élever au-dessus des querelles pas-
sagères qui agitent la société , pour s'appliquer sans cesse à

propager , à affermir ces principes impérissables de morale
et de raison sans lesquels l'ordre universel est en péril , et à
jeter profondément dans de jeunes cœurs ces semences de
vertu et d'honneur que l'âge et les passions n'étoufferont
point. La foi dans la providence , la sainteté du devoir , la
soumission à l'autorité paternelle , le respect dû au prince ,
aux droits de tous , tels sont les sentimens qu'il s'attachera à
développer. Jamais , par sa conversation ou son exemple , il
ne risquera d'ébranler , chez les enfants , la vénération due
au bien ; jamais par des paroles de haine ou de vengeance il
ne les disposera à des préventions aveugles , qui créent ,
pour ainsi dire , des nations ennemies au sein de la même
nation. La paix et la concorde qu'il maintiendra dans
son école doivent , s'il est possible , préparer le calme et
l'union des générations à venir.

Les rapports de l'instituteur avec les parens ne peuvent
manquer d'être fréquens. La bienveillance y doit présider :
s'il ne possédait la bienveillance des familles , son autorité
sur les enfants serait compromise , et le fruit de ses leçons
serait perdu pour eux. Il ne saurait donc porter trop de
soin et de prudence dans cette sorte de relations. Une inti-
mité légèrement contractée pourrait exposer son indépen-
dance , quelquefois même l'engager dans ces dissensions
locales qui désolent souvent les petites communes. En se
prêtant avec complaisance aux demandes raisonnables des
parens , il se gardera bien de sacrifier à leurs capricieuses
exigences ses principes d'éducation et la discipline de son
école. Une école doit être l'asile de l'égalité , c'est-à-dire de
la justice.

Les devoirs de l'instituteur envers l'autorité sont plus

chairs encore et non moins importans. Il est lui-même une autorité dans la commune : comment donc donnerait-il l'exemple de l'insubordination ? Comment ne respecterait-il pas les magistrats municipaux , l'autorité religieuse , les pouvoirs légaux qui maintiennent la sécurité publique ? Quel avenir il préparerait à la population au sein de laquelle il vit, si , par son exemple ou par des discours malveillans , il excitait chez les enfans cette disposition à tout méconnaître, à tout insulter, qui peut devenir dans un autre âge l'instrument de l'immoralité et quelquefois même de l'anarchie !

Le maire est le chef de la commune; il est à la tête de la surveillance locale ; l'intérêt pressant comme le devoir de l'instituteur est donc de lui témoigner en toute occasion la déférence qui lui est due. Le curé ou le pasteur ont aussi droit au respect, car leur ministère répond à ce qu'il y a de plus élevé dans la nature humaine. S'il arrivait que , par quelque fatalité , le ministre de la religion refusât à l'instituteur une juste bienveillance, celui-ci ne devrait pas sans doute s'humilier pour la reconquérir ; mais il s'appliquerait de plus en plus à la mériter par sa conduite , et il saurait l'attendre. Il doit éviter l'hypocrisie à l'égal de l'impiété. Rien d'ailleurs n'est plus désirable que l'accord du prêtre et de l'instituteur ; tous deux sont revêtus d'une autorité morale ; tous deux ont besoin de la confiance des familles ; tous deux peuvent s'entendre pour exercer sur les enfans , par des moyens divers, une commune influence. Un tel accord vaut bien qu'on fasse , pour l'obtenir, quelques sacrifices , et j'attends de vos lumières et de votre sagesse que rien d'honorable ne vous coûtera pour réaliser cette union sans laquelle nos efforts pour l'instruction populaire seraient souvent infructueux.

Enfin, monsieur, je n'ai pas besoin d'insister sur vos relations avec les autorités spéciales qui veillent sur les écoles, avec l'université elle même : vous trouverez là des conseils, une direction nécesaire, souvent un appui contre des difficultés locales et des inimitiés accidentelles. L'administration n'a point d'autres intérêts que ceux de l'instruction primaire, qui au fond sont les vôtres. Elle ne vous demande que de vous pénétrer de plus en plus de l'esprit de votre mission. Tandis que de son côté elle veillera sur vos droits, sur vos intérêts, sur votre avenir, maintenez, par une vigilance continuelle, la dignité de votre état : ne l'altérez point par des spéculations inconvenantes, par des occupations incompatibles avec l'enseignement ; ayez les yeux ouverts sur tous les moyens d'améliorer l'instruction que vous dispensez autour de vous. Les secours ne vous manqueront pas : dans la plupart des grandes villes, des cours de perfectionnement sont ouverts ; dans les écoles normales, des places sont ménagées aux instituteurs qui voudraient venir y retremper leur enseignement. Il devient chaque jour plus facile de vous composer à peu de frais une bibliothèque suffisante à vos besoins. Enfin dans quelques arrondissemens, dans quelques cantons, des conférences ont déjà été établies entre les instituteurs : c'est là qu'ils peuvent mettre leur expérience en commun, et s'encourager les uns les autres en s'aidant mutuellement.

Au moment où, sous les auspices d'une législation nouvelle, nous entrons tous dans une novelle carrière ; au moment où l'instruction primaire va être l'objet de l'expérience la plus réelle et la plus étendue qui ait encore été tentée dans notre patrie, j'ai dû, monsieur, vous rappeler les principes qui guident l'administration de l'instruction publique et les espérances qu'elle fonde sur vous. Je compte sur tous vos efforts pour faire réussir l'œuvre que nous entreprenons en commun : ne doutez jamais de la protection du gouvernement, de sa constante et active sollicitude pour les précieux intérêts qui vous sont confiés. L'universalité de l'instruction primaire est, à ses yeux, l'une des plus grandes et des plus pressantes conséquences de notre Charte ; il lui tarde de la réaliser. Sur cette question comme sur toute autre, la France trouvera toujours d'accord l'esprit de la Charte et la volonté du roi.

Recevez, monsieur, l'assurance de ma considération distinguée.

Le minstre secrétaire d'état au département
de l'instruction publique,

GUIZOT.

Paris, le   juillet 1833.

P. S. Je vous invite à m'accuser directement réception de cette lettre. Je tiens à m'assurer ainsi qu'elle vous est parvenue.

INSTRUCTION PRIMAIRE DES FILLES

RAPPORT AU ROI.

Sire ,

Une loi , accueillie avec reconnaissance par les amis de l'humanité , et exécutée avec succès depuis trois ans sur toute la surface de la France , a organisé l'instruction primaire des garçons ; mais on n'aurait fait le bien qu'à moitié , si l'on ne fesait rien pour l'éducation des filles.

Telle avait été , dès 1833 , la pensée du Gouvernement. Aussi , lorsque , à cette époque , il présenta aux Chambres le projet de loi sur l'instruction primaire , il y plaça une disposition qui généralisait le bienfait de cette première instruction , en déclarant la loi applicable aux enfants des deux sexes. Il lui avait paru qu'il était difficile d'imposer à toutes les communes une école spéciale de filles ; mais que là où les ressources municipales permettraient l'établissement de pareilles écoles , il convenait de les soumettre aux mêmes conditions que les autres écoles primaires. Cependant , quelques-unes des dispositions de la loi ne furent pas jugées rigoureusement applicables aux écoles de filles ; l'article qui les concernait fut supprimé. On pensa qu'une ordonnance pourrait suffire , et toute discussion fut ajournée à cet égard. On resta , pour cette partie importante de l'instruction publique , sous le régime des nombreuses ordonnances qui se sont succédé depuis 1816.

Le nombre même de ces anciennes ordonnances , et

surtout la différence de principes qui avaient présidé à leur rédaction, ont été, durant ce long espace de temps, une source de difficultés. Ce que les ordonnances de 1816 et de 1820 avaient sagement établi, l'ordonnance de 1824 l'a singulièrement altéré, et le mal n'a été qu'en partie réparé par les ordonnances de 1828 et de 1830. A la suite, et par l'effet même de ces variations, il se présente sans cesse de nouvelles questions à résoudre : c'est pourquoi il importe, en recueillant les conseils de l'expérience, de poser des règles générales qui puissent diriger sûrement l'administration dans l'exercice de son action sur ces sortes d'écoles.

La distinction des deux degrés d'instruction qui correspondent aux besoins des différentes classes de la société, doit être maintenue pour les écoles de filles. Le programme de l'enseignement déterminé par la loi du 28 juin leur convient également, sauf de légères modifications ; l'instruction morale et religieuse, principe fécond de toutes les vertus chez les femmes, doit présider à leur éducation comme à celle des hommes ; l'étude de la géométrie et de l'arpentage, inutile pour les filles, doit être remplacée par les travaux d'aiguille. Si d'ailleurs certaines communes demandaient que l'instruction reçût quelques développemens, tels que l'enseignement d'une langue vivante, l'autorisation nécessaire pourrait être donnée par le recteur, sur l'avis des comités, appréciateurs naturels des besoins locaux sous le rapport de l'instruction.

Une grande et fâcheuse diversité, qui n'avait aucun motif raisonnable, a existé, jusqu'à présent, dans les épreuves auxquelles ont été soumises les personnes qui aspirent aux fonctions d'institutrices, et dans la composition des jurys appelés à juger de la capacité de ces personnes. Désormais, les épreuves seront uniformément établies, pour chaque degré, par un statut du conseil royal; et partout les jurys seront organisés sur des bases fixées par le ministre de l'instruction publique.

Une seule exception a paru motivée; elle ne présente aucun inconvénient. C'est celle qui concerne les institutrices appartenant à une des congrégations religieuses que la charité a multipliées sous toute sorte de noms et de régimes, mais avec une parfaite unité de vues et de dévoument pour l'instruction des générations naissantes. Leur destination même, et l'approbation qui est préalablement donnée à leurs statuts, offrent certainement des garanties suffisantes, Toutefois, cette exception n'a dû être appliquée qu'au degré le plus universel et le plus simple de l'instruction primaire: au delà, l'examen sera généralement exigé.

Il est difficile, ainsi qu'on l'a dit, d'imposer à toute commune une école spéciale de filles. Le plus grand nombre des communes rurales ne pourraient parvenir à fonder deux écoles, la population et les ressources pécuniarires manqueraient à la fois pour le succès d'une telle entreprise: il y aura le plus souvent nécessité de demander ce double service à l'instituteur communal. Mais, dans la plupart des villes, les conseils municipaux ont voulu et voudront toujours avoir des écoles séparées pour les enfants des deux sexes. Il est juste d'attacher à l'établissement de ces écoles distinctes des conditions qui assurent le sort des institutrices ainsi que cela a été fait pour les instituteurs communaux; c'est à quoi ont pourvu les articles 10, 11 et 12 de l'ordonnance soumise en ce moment à l'approbation de Votre Majesté.

Un dernier titre désigne les autorités auxquelles sera confiée la direction et la surveillance des écoles primaires de
filles. On ne pouvait mieux faire que de suivre ici la marche
tracée par la loi du 28 juin. Les comités qu'elle a chargés
de veiller sur les écoles de garçons comptent dans leur sein
et le maire, premier magistrat de la commune, et le curé
ou pasteur, surveillant naturel de l'instruction morale et
religieuse; ils se composent, en outre, de fonctionnaires
investis de la confiance des citoyens et du Gouvernement,
et de notables qui représentent plus spécialement les pères
de famille. Il y a par conséquent toute raison de croire que
leur mission sera consciencieusement remplie; et toutefois,
à cause du caractère particulier des établissemens consacrés
à l'éducation des jeunes filles, les comités auront le droit
de déléguer des dames inspectrices.

Quelques-unes de ces dames inspectrices pourront aussi
être appelées à faire partie des commissions d'examen; elles
y rendront, comme dans les comités, d'importans services.

Telle est, Sire, l'économie du projet d'ordonnance que
j'ai l'honneur de vous proposer. Si ces dispositions obtien-
nent le suffrage de Votre Majesté, il résultera de leur exécution des avantages certains pour les écles primaires de filles.

L'ordonnance aura pour effet de produire de bonnes institutrices. Elle propagera et élèvera l'instruction, et il sera
permis d'espérer qu'un jour les mères de famille seront, dans
toute la France, les premières institutrices de leurs enfans.

Je suis avec respect,

Sire,

De Votre Majesté,

Le très-humble, très-obéissant et très-fidèle serviteur,

Le Ministre de l'Instruction publique,

PELET DE LA LOZÈRE.

ORDONNANCE DU ROI.

LOUIS-PHILIPPE, Roi des Français,

A tous présens et à venir, SALUT.

Vu les ordonnances royales concernant les écoles primaires de filles, et notamment celles des 29 février 1816, 3 avril 1820, 31 octobre 1821, 8 avril 1824, 21 avril 1828, 6 janvier et 14 février 1830;

Vu la loi du 28 juin 1833 sur l'instruction primaire, ensemble nos ordonnances du 16 juillet et du 8 novembre de la même année, et du 26 février 1835 ;

Considérant qu'il est nécessaire de coordonner et de modifier sur certains points les dispositions des anciennes ordonnances précitées, en se rapprochant, autant qu'il sera possible, des dispositions de la loi de 1833 ;

Le conseil royal de l'instruction publique entendu ;

Sur le rapport de notre Ministre de l'instruction publique,

Avons ordonné et ordonnons ce qui suit :

TITRE PREMIER.

De l'instruction primaire dans les écoles de filles, et de son objet.

Art. 1er. L'instruction primaire dans les écoles de filles est élémentaire ou supérieure.

L'instruction primaire élémentaire comprend nécessairement l'instruction morale et religieuse, la lecture, l'écriture, les élémens du calcul, les élémens de la langue française, le chant, les travaux d'aiguille, et les élémens du dessin linéaire.

L'instruction primaire supérieure comprend, en outre,

des notions plus étendues d'arithmétique et de langue française , et particulièrement de l'histoire et de la géographie de la France.

Art. 2. Dans les écoles de l'un et de l'autre degré , sur l'avis du comité local et du comité d'arrondissement, l'instruction primaire pourra recevoir , avec l'autorisation du recteur de l'Académie , les développements qui seront jugés convenables , selon les besoins et les ressources des localités.

Art. 3. Les art. 2 et 3 de la loi du 28 juin 1833 sont applicables aux écoles primaires de filles.

TITRE II.

Des écoles primaires privées.

Art. 4. Pour avoir le droit de tenir une école primaire de filles , il faudra avoir obtenu ,

1º Un brevet de capacité, sauf le cas prévu par l'article 13 de la présente ordonnance ;

2º Une autorisation pour un lieu déterminé.

§ 1er. Du brevet de capacité.

Art. 5. Il y a deux sortes de brevets de capacité , les uns pour l'instruction primaire élémentaire , les autres pour l'instruction primaire supérieure.

. Ces brevets seront délivrés après des épreuves soutenues devant une commission nommée par notre Ministre de l'instruction publique , et conformément à un programme déterminé par le conseil royal.

Art. 6. Aucune postulante ne sera admise devant la commission d'examen , si elle n'est agée de vingt ans au moins.

4

Elle sera tenue de présenter : 1° son acte de naissance ;
si elle est mariée, l'acte de célébration de son mariage;
si elle est veuve, l'acte de décès de son mari ; 2_o un certificat de bonne vie et mœurs, délivré, sur l'attestation
de trois conseillers municipaux, par le maire de la commune ou de chacune des communes où elle aura résidé
depuis trois ans.

A Paris, le certificat sera délivré, sur l'attestation de
trois notables, par le maire de l'arrondissement municipal, ou de chacun des arrondissements municipaux où
l'impétrante ausa résidé depuis trois ans.

§ 2. De l'autorisation.

Art. 7. L'autorisation nécessaire pour tenir une école
primaire de filles sera délivrée par le recteur de l'Académie.

Cette autorisation, sauf le cas prévu par l'art. 13,
sera donnée, après avis du comité local et du comité d'arrondissement, sur la présentation du brevet de capacité
et d'un certificat attestant la bonne conduite de la postulante depuis l'époque où elle aura obtenu le brevet de
capacité.

Art. 8. L'au'orisation de tenir une école primaire ne
donne que le droit de recevoir des élèves externes ;
il faut pour tenir pensionnat une autorisation spéciale.

TITRE III.

Des écoles primaires publiques.

Art. 9. Nulle école ne pourra prendre le titre d'école
primaire communale qu'autant qu'un logement et un

traitement convenables auront été assurés à l'institutrice ,
soit par des fondations , donations ou legs faits en faveur d'établissements publics , soit par délibération du conseil municipal dûment approuvée.

Art. 10. Lorsque le conseil municipal allouera un traitement fixe suffisant , la rétribution mensuelle pourra être
perçue au profit de la commune, en compensation des
sacrifices qu'elle s'impose.

Seront admises gratuitement dans l'école publique , les
élèves que le conseil municipal aura désignées comme
ne pouvant payer aucune rétribution.

Art. 11. Les dispositions des articles 4 et suivants de
la présente ordonnance , relatives au brevet de capacité et à l'autorisation , sont applicables aux écoles primaires publiques.

Toutefois , à l'égard de ces dernières , le recteur devra
se faire remettre , outre les pièces mentionnées en l'art.
6 , une expédition de la délibération du conseil municipal , qui fixera le sort de l'institutrice.

Art. 12. Dans les lieux où il existera des école communales distinctes pour les enfants des deux sexes , il ne sera
permis à aucun instituteur d'admettre des filles et à aucune
institutrice d'admettre des garçons.

Titre IV.

Des écoles primaires de filles , dirigées par des congrégations
religieuses.

Art. 13. Les institutrices appartenant à une congrégation religieuse dont les statuts , régulièrement approuvés,

renfermeraient l'obligation de se livrer à l'éducation de l'enfance, pourront être autorisés par le recteur à tenir une école primaire élémentaire, sur le vu de leurs lettres d'obédience, et sur l'indication par la supérieure de la commune où les sœurs seraient appelées.

Art. 14. L'autorisation de tenir une école primaire supérieure ne pourra être accordée sans que la postulante justifie d'un brevet de capacité du degré supérieur obtenu dans la forme et aux conditions prescrite par la présente ordonnance.

TITRE V.

Des autorités préposées à l'instruction primaire.

Art. 15. Les comités locaux et les comités d'arrondissement établis en vertu de la loi du 28 juin 1833 et de l'ordonnance du 8 novembre de la même année, exerceront sur les écoles primaires de filles les attributions énoncées dans les articles 21, § 1, 2, 4 et 5; 22, § 1, 2, 3, 4 et 5; 23, § 1, 2 et 3 de ladite loi.

Art. 16. Les comités feront visiter les écoles primaires de filles par des délégués pris parmi leurs membres ou par des dames inspectrices.

Art. 17. Lorsque les dames inspectrices seront appelées à faire des rapports au comité, soit local, soit d'arrondissement, concernant les écoles qu'elles auront visitées, elles assisteront à la séance avec voix délibérative.

Art. 18. Il y aura, dans chaque département, une commission d'instruction primaire, chargée d'examiner les personnes qui aspireront aux brevets de capacité.

Les examens auront lieu publiquement.

Des dames inspectrices pourront faire parties desdites commissions.

Ces commissions délivreront des certificats d'aptitude, d'après lesquels le recteur de l'Académie expédiera le brevet de capacité, sous l'autorisation du Ministre.

Dispositions transitoires.

Art. 19. Les institutrices primaires communales ou privées, actuellement établies en vertu d'autorisations régulièrement obtenues, pourront continuer de tenir leurs écoles sans avoir besoin d'aucun nouveau titre; elles devront seulement déclarer leur intention au comité local d'ici au 1er septembre prochain.

Donné au palais des Tuileries, le 23 juin 1336.

LOUIS-PHILIPPE.

Par le Roi.

Le Ministre de l'Instruction publique,
PELET DE LA LOZÈRE.

ORGANISATION

DES

CAISSES D'ÉPARGNE ET DE PRÉVOYANCE.

———◦∞◦———

RAPPORT AU ROI.

SIRE ,

La loi du 28 juin 1833 porte , article 15 :

« Il sera établi, dans chaque département, une caisse
« d'épargne et de prévoyance en faveur des instituteurs pri-
« maires communaux.

« Les statuts de ces caisses d'épargne seront déterminés
« par des ordonnances royales. »

Un projet de statuts fut en conséquence préparé aussitôt
la promulgation de la loi du 28 juin et présenté à l'examen
des conseils généraux. La plupart ont émis purement et sim-
plement le vœu qu'il fût approuvé : d'autres ont proposé
quelques changements. Après une discussion attentive des observations auxquelles ce projet a donné lieu , j'ai fait dresser
les statuts ci-joints , que j'ai l'honneur de soumettre à l'approbation de Votre Majesté.

L'article 1er place la caisse d'épargne et de prévoyance
sous la surveillance d'une commission dans laquelle il m'a
semblé convenable d'appeler , à côté du préfet et du recteur
de l'Académie ou de son délégué , des membres du conseil

général et des conseils d'arrondissement, ainsi qu'un instituteur communal par arrondissement, qui serait nommé
par moi.

L'art. 2 règle le mode de renouvellement des membres de
la commission.

Les articles, 3, 4, 5 et 6 tracent la marche à suivre
pour opérer les retenues, donner à l'instituteur un titre
authentique qui lui fasse constamment connaître sa situation
vis-à-vis de la caisse d'épargne en capital versé et intérêts
capitalisés, tenir les comptes courants des sommes placées à
la caisse d'épargne par les instituteurs, en calculer les intérêts, et enfin rembourser à l'instituteur, à sa veuve ou à ses
ayant-droit, l'orsqu'il se retire ou qu'il vient à décéder, les
sommes par lui versées à la caisse d'épargne, avec les intérêts
capitalisés. Ces diverses opérations sont combinées de telle
sorte que l'instituteur n'ait aucun déplacement à faire pour
opérer ses versements ou pour en recevoir le remboursement, et que toutes les écritures soient tenues par les agents
actuels soit du ministère de l'instruction publique, soit du
ministère des finances. Au moyen de ces dispositions, l'établissement et l'existence de ces caisses ne donneront lieu qu'à
une légère dépense pour frais d'impression, qui sera acquit-
tée par le département : et les instituteurs toucheront inté-
gralement l'intérêt qui est payé par le trésor.

L'article 7 prescrit les mesures à suivre à l'égard des dons
et legs faits aux caisses d'épargne, et de la répartition entre
les instituteurs des intérêts provenant de ces dons et legs:

L'article 8 prévoit le cas où un instituteur passerait d'un
département dans un autre, et prescrit le versement, dans
la caisse d'épargne et de prévoyance du département où il

se rendra, des sommes qui lui appartiendront dans la caisse de celui qu'il quittera.

La tenue de la caisse d'épargne donnera lieu , dans chaque département, à une légère dépense pour frais d'impression. L'article 10 en fait une dépense départementale , conformément aux dispositions du paragraphe 3 de l'article 13 de la loi du 28 juin 1833 , qui impose aux départements l'obligation de pourvoir au paiement des dépenses reconnues nécessaires à l'instruction primaire. Il décide , en outre , qu'un état de situation de la caisse d'épargne et de prévoyance sera présenté tous les ans au conseil général du département.

Après avoir préparé les statuts des caisses d'épargne , il me restait à régler les rapports de ces établissements avec les agents du trésor. Je me suis entendu à ce sujet avec M. le ministre des finances , et nous avons arrêté de concert un autre projet d'ordonnance que je présente également à l'approbation de Votre Majesté , et dont je vais lui faire connaître les principales dispositions.

Conformément aux prescriptions de la loi du 31 mars dernier , les retenues exercées sur le traitement des instituteurs communaux , pour la caisse d'épargne et de prévoyance établie en leur faveur , seront versées à la caisse des dépôts et consignations et administrées par elle , sous la garantie du trésor public.

La retenue du vingtième du traitement fixe des instituteurs communaux sera faite par le receveur municipal à l'instant même où il leur paiera ce traitement et inscrite par lui sur un livret dont chaque instituteur sera porteur.

Ces retenues seront versées , par l'intermédiaire du receveur particulier des finances de l'arrondissement , dans la caisse du receveur général, en sa qualité de proposé de la caisse des dépôts et consignations.

Le receveur général remettra, au commencement de chaque mois, au préfet, un bordereau des sommes qu'il aura ainsi recouvrées ; ce bordereau sera transmis par ce magistrat à l'inspecteur des écoles primaires, lequel inscrira immédiatement au compte courant individuel de chaque instituteur la retenue qui aura été faite sur son traitement.

Au commencement de chaque semestre, le receveur général établira le compte sommaire des intérêts acquis sur les placements faits dans le semestre précédent. L'inspecteur fera la répartition de ces intérêts entre les comptes courants ouverts à chaque instituteur et les capitalisera à leur compte : il redigera un bulletin qui établira la situation des fonds appartenant à chaque instituteur en capital et intérêts. Ce bulletin sera remis à l'instituteur par le receveur municipal, qui inscrira en même temps sur son livret le montant des intérêts capitalisés pour le semestre expiré.

Quant au remboursement à l'instituteur ou à ses ayant-droit des sommes qu'il aura versées à la caisse d'épargne et des intérêts capitalisés, il sera effectué au moyen du mandat délivré par le préfet sur le receveur général du département.

Tel est, Sire, le système d'après lequel serait fait le service de recettes et les paiemements de la caisse d'épargne et de prévoyance, et dont le projet d'ordonnance ci-joint présente le développement. Ce système est en parfaite harmonie avec le projet des statuts ; il aura pour résultat d'établir d'une manière fixe et uniforme le régime des caisses d'épargne et de prévoyance dont la loi du 28 juin 1833 prescrit la création, et de faire cesser toutes les incertitudes qui existent à ce sujet. Je le présente avec confiance à l'approbation de Votre Majesté. Déjà la sollicitude du gouvernement de juillet s'est manifestée par des actes nombreux à l'égard de l'instruction populaire et des hommes laborieux qui la répandent. Une loi leur a assuré, par la jouissance d'un traitement fixe et d'autres avantages dont la promesse leur avait été vainement faite jusqu'alors, des ressources qui leur donnent le moyen de parcourir dignement la carrière qu'ils ont embrassée. La même loi a voulu que, lorsque l'âge et les infirmités ne leur permettraient plus de se livrer aux pénibles fonctions de l'enseignement, ils trouvassent dans des économies sagement ménagées une ressource qui les mît à l'abri du besoin. Les deux projets d'ordonnance ci-joints ont pour objet de réaliser ce vœu si conforme aux intentions généreuses de Votre Majesté. Je la prie de vouloir bien les revêtir de son approbatiou.

Le ministre de l'instruction publique,
SALVANDY.

ORDONNANCE DU ROI.

Palais des Tuileries, le 13 février 1838.

LOUIS-PHILIPPE, Roi des Français,

A tous présents et à venir salut :

Sur le rapport de notre ministre secrétaire d'état au département de l'instruction publique ;

Vu l'article 15 de la loi du 28 juin 1833 sur l'instruction primaire ;

Vu le projet de statuts des caisses d'épargne et de prévoyance en faveur des instituteurs primaires communaux dont cet article prescrit la création ;

Vu les délibérations prises par les conseils généraux sur ce projet de statuts ;

Nous avons ordonné et ordonnons ce qui suit :

ARTICLE PREMIER.

Les statuts dont la teneur suit sont définitivement adoptés pour régir les caisses d'épargne de prévoyance établies en faveur des instituteurs primaires communaux, en vertu des dispositions de l'article 15 de la loi du 28 juin 1855.

Statuts des caisses d'épargne et de prévoyance établies en faveur des instituteurs primaires communaux.

ART. 1er.

« La caisse d'épargne et de prévoyance établie dans cha-
« que département en faveur des instituteurs primaires
« communaux conformément aux dispositions de l'article 15
« de la loi du 28 juin 1855, sur l'instruction primaire,
« est placée sous la surveillance spéciale d'une commission
« composée :

« Du préfet, président ;

« Du recteur de l'Académie ou de son délégué,

« De trois membres du conseil général désignés par ce
« conseil ;

« D'un membre des conseils d'arrondissement désignés
« par ce conseil ;

« D'un instituteur primaire communal par arrondisse-

« ment, nommé par le ministre de l'instruction publique,
« sur la présentation du recteur ;

« De l'inspecteur des écoles primaires du département,
« secrétaire.

« Le directeur des contributions directes du département
« remplira, près de la commission, les fonctions de com-
« missaire liquidateur.

ART. 2.

« Les membres de la commission autres que le préfet, le
« recteur ou son délégué, le directeur des contributions
« directes et l'inspecteur des écoles primaires seront renou-
« velés tous les trois ans : ils sont indéfiniment rééligibles.

ART. 3.

« Les retenues exercées sur le traitement des instituteurs
« primaires communaux seront inscrites, au fur et à mesure
« qu'elles seront effectuées, sur un livret dont chacun des
« instituteurs primaires communaux sera porteur.

« Ce livret sera coté et paraphé par l'inspecteur des écoles
« primaires du département.

ART. 4.

« Les comptes courants des sommes placées à la caisse
« d'épargne et de prévoyance par les instituteurs primaires
« communaux et des dons et legs faits à cette caisse seront
« tenus par l'inspecteur des écoles primaires du département
« sur un registre qui sera coté et paraphé par un membre
« de la commission de surveillance de la caisse, délégué à
» cet effet par le préfet. Tous les dons et legs faits aux
« mêmes conditions seront inscrits au même compte courant.

ART. 5.

« Au commencement de chaque semestre, l'inspecteur
« des écoles primaires présentera à l'approbation de la com-
« mission de surveillance le projet de répartition, entre les
« comptes-courants ouverts à chaque instituteur et aux divers
« dons et legs, des intérêts acquis pendant le semestre ex-
« piré.

« Un état de situation par instituteur et par dons et legs
« des fonds versés à la caisse d'épargne et de prévoyance,
« avec les intérêts capitalisés, sera en même temps dressé
« par la commission de surveillance.

« Une expédition de cet état sera déposée au secrétariat
« général de la préfecture, ainsi qu'au secrétariat des sous-
« préfectures, où chaque instituteur pourra en prendre
« communication.

« Les résultats de cet état de situation, en ce qui con-
« cerne chaque instituteur, seront portés à sa connaissance
« par l'envoi d'un bulletin ; le montant des intérêts capita-
« lisés à son profit sera en même temps inscrit sur son livret.

ART. 6.

« Lorsqu'un instituteur se retirera ou viendra à décéder,
« la demande formée, soit par lui, soit par sa veuve ou ses
« ayant-droit, à l'effet d'obtenir le remboursement des som-
« mes par lui versées à la caisse d'épargne et de prévoyance
« avec les intérêts capitalisés, sera adressée au préfet, pré-
« sident de la commission de surveillance, qui la communi-
« quera à cette commission lors de ses réunions ordinaires.

« Après que le montant des sommes appartenant à l'ins-

5

« tituteur aura été définitivement liquidé, le préfet en fera
« opérer le remboursement.

« Si l'instituteur ou ses ayant-droit se trouvaient dans le
« besoin, le préfet, président, après avoir pris l'avis du
« commissaire liquidateur, et sans attendre l'époque de la
« réunion ordinaire de la commission de surveillance, pour-
« rait leur faire rembourser jusqu'à concurrence des quatre
« cinquièmes des sommes qui seraient jugées leur appar-
« tenir.

« En ce qui touche les instituteurs communaux apparte-
« nant à des congrégations enseignantes, le supérieur géné-
« ral de chaque congrégation pourra être autorisé à retirer
« à la fin de chaque année le montant des retenues qui au-
« ront été faites sur le traitement des différents membres de
« la congrégation, pour en disposer dans l'intérêt de ladite
« congrégation.

ART. 7.

« Lorsque les dons ou legs auront été faits à une caisse
« d'épargne et de prévoyance, l'instituteur ou ses ayaut-
« droit auront droit sur les intérêts capitalisés provenant de
« ces dons et legs, à une part proportionnelle à celle qui
« appartiendra dans le montant total des retenues opérées
« sur les traitements de tous les instituteurs en fonctions.

« Si les dons ou legs n'ont été faits qu'en faveur des ins-
« tituteurs d'un arrondissement, d'un canton, de ceux
« pourvus de brevets de capacité, soit pour l'instruction pri-
« maire élémentaire, soit pour l'instruction primaire supé-
« rieure, de ceux d'un âge déterminé, etc., etc., on pren-
« dra pour régler la part proportionnelle qui reviendra à

« l'instituteur sur les intérêts capitalisés provenant de ces
« dons ou legs ; le montant total des retenues opérées sur le
« traitement de tous les instituteurs en fonctions de la mê-
« me catégorie.

ART. 8.

« Lorsqu'un instituteur passera d'un département dans
« un autre, les sommes qui lui appartiendront dans la cais-
« se d'épargne et de prévoyance du département qu'il quit-
« tera, et la part proportionnelle qui lui reviendra dans le
« montant des intérêts capitalisés provenant des dons et des
« legs faits à ladite caisse, seront versées dans celle du dé-
« partement où se rendra l'instituteur.

ART. 9.

« Dans le cas où les dons et les legs faits aux caisses d'é-
« pargne et de prévoyance renfermeraient quelques condi-
« tions particulières, elles seraient religieusement observées
« en tout ce qui ne serait pas contraire aux lois.

ART. 10.

« Un état de situation de la caisse d'épargne et de prévo-
« yance sera présenté tous les ans au conseil général du dé-
« partement. »

ARTICLE 11.

Notre ministre secrétaire d'état au département de l'instruction publique est chargé de l'exécution de la présente
ordonnance. »

LOUIS-PHILIPPE.
Par le Roi.
Le Ministre de l'Instruction publique,
SALVANDY.

Palais des Tuileries, le 13 février 1838.

LOUIS-PHILIPPE, Roi des Français,

A tous présents et à venir, SALUT.

Vu l'article 15 de la loi du 28 juin 1833 qui a prescrit la formation des caisses d'épargne et de prévoyance pour les instituteurs primaires communaux ;

Vu notre ordonnance du 26 février 1835, qui a créé des inspecteurs spéciaux de l'instruction primaire, et celle de ce jour portant approbation des statuts en vertu desquels sont organisées les commissions de surveillance des caisses d'épargne des instituteurs primaires ;

Vu la loi du 31 mars dernier qui charge la caisse des dépôts et consignations de recevoir et administrer les fonds des caisses d'épargne et de prévoyance autorisées en vertu de la loi du 5 Juin 1835 et d'en bonifier l'intérêt à raison de quatre pour cent par an ;

Considérant que les dispositions de cette dernière loi doivent être appliquées aux caisses d'épargne et de prévoyance des instituteurs primaires communaux ;

Sur le rapport de nos ministres secrétaires d'état aux départements de l'instruction publique et des finances,

Nous avons ordonné et ordonnons ce qui suit :

ART. 1er.

La caisse des dépôts et consignations sera chargée de recevoir et d'administrer, sous la garantie du trésor public et sous la surveillance de la commission instituée par l'article 99 de la loi du 28 avril 1816, les fonds provenant des caisses d'épargne des instituteurs communaux et qui seront placés conformément aux règles établies ci-après.

Le taux auquel sera bonifié l'intérêt des sommes placées par ces caisses sera le même que celui qui a été fixé pour les autres caisses d'épargne, par la loi du 31 mars dernier.

Art. 2.

Les receveurs municipaux feront une retenue d'un vingtième sur le montant des traitements fixes qu'ils paieront aux instituteurs. Le montant en sera énoncé sur les mandats de paiement ; il sera inscrit par ces comptables sur un livret dont chaque instituteur sera porteur.

Art. 3.

Lorsque, par suite de conventions faites avec le conseil municipal, le traitement de l'instituteur aura été réglé de telle sorte qu'une partie de ce traitement remplace la rétribution mensuelle, ce conseil déterminera la portion du traitement représentant la rétribution, et sur laquelle la retenue du vingtième ne sera pas exercée.

Un mandat spécial sera d'ailleurs délivré par le maire pour le paiement de chaque partie du traitement.

Art. 4.

Les receveurs municipaux verseront le montant des retenues dans la caisse du receveur particulier des finances de l'arrondissement pour le compte du receveur général, en sa qualité de préposé de la caisse des dépôts et consignations. Les receveurs généraux tiendront le compte général et sommaire de la caisse d'épargne de chaque département.

6.

L'intérêt courra à dater du quinzième jour du mois pendant lequel les versements auront été effectués, et il cessera à partir du quinzième jour du mois pendant lequel les remboursements auront eu lieu.

Art. 5.

Les dons et legs faits aux caisses d'épargne et de prévoyance des instituteurs primaires communaux seront versés dans les caisses des receveurs des finances. Les dispositions de l'article 4 leur sont applicables.

Art. 6.

Dans les dix premiers jours de chaque mois, le receveur général des finances adressera au préfet le bordereau détaillé des versements faits tant à sa caisse que chez les receveurs particuliers pour le compte de la caisse d'épargne, et constatés dans sa comptabilité pendant le mois précédent. Les bordereaux seront transmis à l'inspecteur des écoles primaires chargé de la tenue des comptes courants individuels des instituteurs et du compte des dons et legs faits à la caisse d'épargne. Le même bordereau comprendra distinctement les remboursements dont il sera parlé à l'article 8 ci-après. Il comprendra également les recettes et les dépenses provenant des transferts de département à département.

Art. 7.

Au commencement de chaque semestre, le receveur général des finances établira le compte sommaire des intérêts acquis sur les placements faits à la caisse des dépôts et consignations pour le compte de la caisse d'épargne et de prévoyance dans le semestre précédent.

L'inspecteur des écoles primaires vérifiera ce compte et reconnaîtra la conformité du décompte des intérêts avec ceux qu'il aura calculés sur les comptes courants ouverts à chaque instituteur et aux dons et legs faits à la caisse.

Le décompte sera adressé, par les soins du receveur général, à la caisse des dépôts et consignations. Après qu'il aura été vérifié et approuvé, et lorsque cette caisse aura autorisé l'allocation des intérêts liquidés, ces intérêts seront capitalisés dans chaque compte particulier, valeur au dernier jour du semestre expiré.

L'inspecteur des écoles primaires rédigera un bulletin qui établira la situation des fonds appartenant à l'instituteur, en capitaux et intérêts.

Ce bulletin sera remis à l'instituteur par le receveur municipal, qui inscrira en même temps sur le livret le montant des intérêts capitalisés pour le semestre expiré.

ART. 8.

Le remboursement des sommes versées à la caisse d'épargne et de prévoyance, ainsi que des intérêts capitalisés, sera fait aux instituteurs, ou à leurs ayant-droit, au moyen de mandats délivrés par le préfet sur le receveur général du département, qui en fera dépense, comme préposé de la caisse des dépôts, au compte général de la caisse d'épargne des instituteurs, valeur aux dates déterminées par l'article 4.

ART. 9.

Lorsqu'un instituteur passera d'un département dans un autre, la commission de surveillance fera la liquidation des sommes en capital et intérêts , qui appartiendront à cet instituteur , dans la caisse d'épargne et de prévoyance du département , et le préfet délivrera pour le paiement de cette somme un mandat sur le receveur général.

Cette somme sera transférée par l'entremise de la caisse des dépôts et consignations dans la caisse du receveur général des finances du département où se rendra l'instituteur.

ART. 10.

Les retenues exercées sur le traitement des instituteurs du département de la Seine seront versées par le trésorier de la ville de Paris et par les receveurs municipaux des communes rurales , au caissier du trésor public , pour le compte du receveur central des finances du département de la Seine , qui tiendra le compte sommaire de la caisse d'épargne , fournira les bordereaux mensuels et formera les décomptes généraux semestriels , conformément aux règles tracées par la présente ordonnance. Les remboursements seront effectués par la caisse du trésor , également pour le compte du receveur central , sur lequel les mandats de remboursement seront délivrés.

ART. 11.

Les receveurs généraux et particuliers des finances et le receveur central des finances du département de la Seine ne pourront être mis en relation avec les instituteurs pour les versements et les comptes courants des caisses d'épargne.

ART. 12.

Les receveurs des finances et les receveurs municipaux n'auront droit à aucune rétribution pour la recette et le remboursement des fonds des caisses d'épargne , conformément à ce qui est prescrit par l'article 14 de la loi du 28 juin 1833, pour le recouvrement des rétributions mensuelles dues aux instituteurs.

ART. 13.

Les fonds qui auront été reçus par le trésor royal jusqu'au 31 mars 1838, et provenant des retenues exercées sur les traitements des instituteurs primaires, seront versés à la caisse des dépôts et consignations, et formeront le premier article de crédit du compte général ouvert par cette caisse aux caisses d'épargne des instituteurs communaux. La portion de ces fonds afférente à chaque instituteur et à chaque département formera aussi le point de départ des comptes individuels et du compte général à la caisse d'épargne du département.

ART. 14.

La dépense des imprimés nécessaire aux caisses d'épargne et de prévoyance des instituteurs primaires communaux sera imputée sur les ressources mises à la disposition des départements par la loi du 28 juin 1835

ART. 15.

Nos ministres secrétaires d'état aux départements de l'instruction publique et des finances sont chargés, chacun en ce qui le concerne, de l'exécution de la présente ordonnance.

LOUIS-PHILIPPE.

Par le Roi :

Le ministre secrétaire d'état au département de l'instruction publique ,

SALVANDY.

CIRCULAIRE DU MINISTRE DE L'INSTRUCTION PUBLIQUE.

Paris, le 29 mars 1838.

Organisation du service des caisses d'épargne et de prévoyance en faveur des instituteurs primaires communaux

Monsieur le préfet,

J'ai l'honneur de vous adresser des ampliations de deux ordonnances royales relatives à l'établissement des caisses d'épargne et de prévoyance en faveur des instituteurs primaires communaux dont l'article 15 de la loi du 28 juin 1833 a prescrit la création. L'une de ces ordonnances porte approbation des statuts de ces caisses ; l'autre a pour objet de régler leurs rapports avec MM. les receveurs municipaux et MM. les préposés de la caisse des dépôts et consignations.

Les diverses parties du service des caisses d'épargne sont réglées avec détail par ces deux ordonnances ; et j'aurai peu d'explications à ajouter aux prescriptions qu'elles contiennent.

Formation de la commission de surveillance.

D'après l'article 1er des statuts, les caisses d'épargne sont placées sous la surveillance spéciale d'une commission dont vous êtes le président, et dont font en même temps partie trois membres du conseil général et un membre de chacun des conseils d'arrondissement désignés par ces conseils. Dans le cas où cette désignation n'aurait pas eu lieu, je vous invite, monsieur le préfet, à désigner vous-même les membres du conseil général et des conseils d'arrondissement qui, jusqu'à la prochaine réunion de ces conseils , feront partie de la commission. Je vous prie de m'adresser une expédition de l'arrêté que vous aurez pris à ce sujet ou de me faire connaître les membres qui auront été désignés par les conseils généraux et d'arrondissement. Je vais de mon côté inviter M. le recteur à me faire les présentations nécessaires pour que je puisse nommer les instituteurs primaires communaux qui doivent aussi faire partie de la commission.

Inscription des retenues sur le livret des instituteurs.

Le système d'après lequel sont aujourd'hui exercées les retenues sur le traitement des instituteurs est définitivement approuvé par les deux ordonnances. Ces retenues devront être inscrites sur un livret dont chaque instituteur sera porteur. J'ai donné des ordres pour que ces livrets vous soient promptement envoyés. Veuillez bien les mettre à la disposition de M. l'inspecteur des écoles primaires et donner en même temps à MM. les receveurs municipaux des instructions pour qu'à l'avenir ils inscrivent sur ce livret toutes les retenues qu'ils feront sur le traitement des instituteurs.

Versement des retenues dans la caisse du receveur
général, et envoi à la préfecture d'un borde-
reau mensuel de ces versements.

Le produit de ces retenues doit être versé par MM. les receveurs municipaux dans la caisse du receveur des finances de l'arrondissement , et le receveur général doit continuer à vous remettre dans les dix premiers jours de chaque mois le bordereau détaillé des versements faits à sa caisse. Je vous recommande de transmettre exactement ce bordereau à M.

l'inspecteur des écoles primaires, lequel devra inscrire au compte courant de chaque instituteur les retenues qui auront été exercées sur son traitement. Le livre destiné à la tenue de ces comptes va pareillement vous être envoyé.

Calcul des intérêts des sommes placées à la caisse d'épargne.

Au commencement de chaque semestre, le receveur général adressera à la caisse des dépôts et consignations l'état des placements faits à cette caisse, pour le compte de la caisse d'épargne, pendant le semestre précédent. La caisse des dépôts et consignations établira le montant des intérêts acquis sur ces placements, et elle le fera connaître au receveur général qui vous en informera. Vous en donnerez avis à M. l'inspecteur des écoles primaires, et celui-ci préparera la répartition du montant de ces intérêts entre les divers comptes courants. J'aurai soin de vous adresser des cadres d'état de répartition qui faciliteront cette opération. M. Dupont, imprimeur, rue de Grenelle-Saint-Honoré. n°55, à Paris, a publié des tables pour le calcul des intérêts des sommes placées aux caisses d'épargne. La commission de surveillance, l'inspecteur des écoles primaires et vos bureaux trouveront quelques avantages à s'en servir pour établir le montant de ces intérêts. Je vous autorise à prendre autant d'exemplaires de ces tables qu'en exigeront les besoins du service dans votre département. Vous imputerez cette dépense sur le crédit ouvert au chapitre 1er du budget des dépenses de l'instruction primaire à la charge du département pour 1838.

Vérification de l'état de répartition des intérêts.

Aussitôt que le projet de répartition aura été préparé, M. l'inspecteur des écoles primaires vous le remettra, et vous convoquerez la commission de surveillance de la caisse, qui examinera ce projet, l'arrêtera définitivement, s'il y a lieu, ou y fera les modifications qu'elle jugera nécessaires. Une expédition de cette répartition sera déposée par vos soins au secrétariat général de la préfecture, ainsi qu'au secrétariat des sous-préfectures, où chaque instituteur pourra en prendre communication. Vous m'en adresserez aussi une. Ces diverses expéditions vous seront remises par M. l'inspecteur des écoles primaires.

Bulletin semestriel de la situation des placements faits a la caisse d'épargne par chaque instituteur.

Ce fonctionnaire dressera en même temps, sur les cadres que j'aurai soin de vous envoyer à cet effet, des bulletins qui feront connaître la situation, au commencement de chaque semestre, des versements faits par chaque instituteur à la caisse d'épargne et des intérêts capitalisés. Ces bulletins, visés par un membre de la commission de surveillance qu'elle déléguera à cet effet, seront adressés par vos soins à MM. les receveurs municipaux, qui les remettront aux instituteurs, et inscriront en même temps sur leur livret le montant des intérêts acquis pendant le semestre expiré.

Mandats pour paiement des sommes placées à la caisse d'épargne.

Le remboursement des sommes versées à la caisse d'épargne et des intérêts capitalisés aura lieu au moyen de mandats

6

que vous délivrerez sur le receveur général du département, sur la demande que vous en feront l'instituteur qui se retirera, ou ses ayant-droit dans le cas où il serait décédé. Le montant des sommes à lui remboursées sera déterminé par la commission de surveillance, dans ses réunions semestrielles. Néanmoins, si l'instituteur ou ses ayant-droit se trouvaient dans le besoin, vous pourriez, sur la proposition de M. l'inspecteur et sans attendre la réunion semestrielle de la commission, leur faire rembourser jusqu'à concurrence des quatre cinquièmes des sommes qui seraient jugées leur appartenir. Vous aurez soin de vous faire remettre par l'instituteur ou par ses ayant-droit, en échange du mandat pour solde du remboursement des sommes placées à la caisse d'épargne et de prévoyance, le livret dont il était porteur, qui sera désormais inutile.

Remboursements aux membres de la congrégation enseignante.

Quant aux membres des congrégations enseignantes, je vous autorise à continuer de leur rembourser au commencement de chaque année, lorsque le supérieur général vous en aura fait la demande, le montant des retenues opérées sur le traitement des membres de ces congrégations pendant l'année précédente, avec les intérêts provenant du placement de ces retenues. L'indication de ce remboursement sera portée sur leur livret par M. le maire de la commune, qui leur fera la remise de votre mandat.

Répartition des intérêts provenant des dons et legs.

Si des dons ou legs ont été faits à une caisse d'épargne et de prévoyance, l'instituteur ou ses ayant-droit devront recevoir, au moment où ils se retireront, sur les intérêts capitalisés provenant de ces dons et legs, une part proportionnelle à celle qui leur appartiendra dans le montant total des retenues opérées sur le traitement de tous les instituteurs en fonctions. Mais le capital de ces dons et legs restera toujours intact. Les intérêts capitalisés seront seuls répartis entre les instituteurs d'après les règles posées ci-dessus. Cette répartition n'aura lieu qu'en ce qui concerne les instituteurs auxquels des remboursements seront faits. Il serait inutile d'établir tous les six mois la portion revenant aux instituteurs qui resteront en fonctions.

Transfert des sommes placées à la caisse d'épargne d'un département dans celle d'un autre département.

Lorsqu'un instituteur passera d'un département dans un autre, vous ferez établir par la commission de surveillance, lors de ses réunions semestrielles, les sommes qui lui appartiendront dans la caisse d'épargne et de prévoyance. Pour en opérer le transfert dans la caisse du département où il se rendra, vous délivrerez, sur le receveur général préposé de la caisse des dépôts et consignations, un mandat payable à M. l'inspecteur des écoles primaires, et, s'il est en tournée, à tout autre membre de la commission de surveillance qui se trouverait au chef-lieu. Celui-ci remettra le mandat acquitté au receveur général, qui lui délivrera en échange une déclaration constatant la suite qui va être donnée au transfert. Ce comptable reste chargé de faire passer le montant du mandat, par l'intermédiaire de la caisse des dépôts et consignations, dans les départements où se rendra l'instituteur. M. le directeur général de cette caisse adresse à ce sujet à MM. les receveurs généraux une

circulaire dont un exemplaire va vous être envoyé, et à
laquelle je vous prie de vous conformer.

Nécessité de délivrer les mandats pour transfert au commen-
cement du mois.

Je vous recommande de délivrer les mandats qui devront
être suivis d'un transfert dans les deux ou trois premiers
jours d'un mois, afin que les sommes auxquelles ils s'appliquent puissent être transférées avant la fin du même mois
dans la caisse du département où se rendra l'instituteur, et
qu'il n'y ait pas ainsi pour lui perte d'un mois d'intérêts.

Je vous adresserai ultérieurement le modèle de l'état de
situation de la caisse d'épargne et de prévoyance de votre
département, que vous devrez présenter tous les ans au conseil général.

Transition de l'état de choses actuel au système consacré
par les ordonnances du 13 février 1838.

Je viens, monsieur le préfet, de vous faire connaitre les
règles d'après lesquelles doit être désormais régie la caisse
d'épargne et de prévoyance établie en faveur des instituteurs
primaires communaux de notre département. Mais des retenues sont exercées depuis plus de quatre ans sur le traitement de ces fonctionnaires. Elles sont versées au trésor, et
une disposition de l'une des ordonnances que je vous envoie
porte que les fonds ainsi reçus par le trésor jusqu'au 31 mars
1838 devront être versés à la caisse des dépôts et consignations, et former le premier article du crédit du compte général ouvert par cette caisse aux caisses d'épargne et de prévoyance des instituteurs communaux. Il me reste, en con-

séquence, à vous adresser des instructions, tant pour l'exécution de cette mesure que pour mettre ce qui s'est fait jusqu'à ce jour en harmonie avec les prescriptions des ordonnances du 13 février dernier.

Fixation du montant des sommes versées au trésor pour le
compte de la caisse d'épargne, depuis le 1er jan-
vier 1834 jusqu'au 31 mars 1838.

Aussitôt que vous aurez reçu cette lettre, vous réunirez
les divers bordereaux que vous a adressés mensuellement
M. le receveur général des sommes versées au trésor pour
la caisse d'épargne et de prévoyance établie en faveur des
instituteurs primaires communaux, depuis le mois de janvier 1834 jusqu'à la fin de février 1838. Vous en ferez un
total duquel vous aurez le soin de retrancher le montant des
mandats que vous aurez délivrés, soit pour remboursement
à des instituteurs qui se seraient retirés, ou aux ayant-droit
d'instituteurs décédés, soit pour transfert d'un département
dans un autre. Vous vous concerterez avec M. le receveur
général pour fixer d'accord ces divers chiffres, et s'il existe
des différences, vous en rechercherez l'un et l'autre la cause.
Le 31 mars, vous ajouterez au chiffre des placements que
vous aurez définitivement arrêtés ensemble le résultat des
placements constatés pendant ce mois dans les écritures du
receveur général, et vous aurez soin de me faire connaître le
montant des sommes qui, d'après cette opération, devraient
être versées à la caisse des dépôts et consignations. Ce versement sera effectué aussitôt que le trésor aura reconnu l'exactitude du montant de ces sommes. La caisse des dépôts et consignations commencera à payer les intérêts de ces placements à

6.

dater du 1er avril. Je désire que vous vous occupiez d'urgence de cette affaire, de concert avec M. le receveur général, afin que le montant des sommes à verser puisse être arrêté dans les premiers jours d'avril. Vous pourrez réclamer pour ce travail le concours de M. l'inspecteur des écoles primaires, s'il se trouve au chef-lieu.

Inscription sur les comptes courants et sur les livrets des instituteurs des versements faits depuis le 1er janvier 1834 jusqu'au 31 mars 1838.

Lorsque les bordereaux des versements qui vous ont été adressés par M. le receveur général ne vous seront plus nécessaires, vous les remettrez à M. l'inspecteur des écoles primaires, et celui-ci inscrira sur le registre des comptes courants, au compte de chaque instituteur, les sommes qui ont été jusqu'à présent placées par lui à la caisse d'épargne. Il portera en même temps ces sommes sur le livret de chaque instituteur, et après les avoir additionnées, il vous adressera successivement ces livrets, que vous enverrez à MM. les receveurs municipaux, pour être par leur soin remis aux instituteurs. Il est à désirer que cette remise ait lieu le plus tôt possible. Vous voudrez bien, lorsque vous aurez reçu tous ces livrets, m'en informer.

Bulletin de la situation au 1er juillet 1838 des fonds placés par chaque instituteur à la caisse d'épargne.

Les bulletins de la situation au 1er juillet des fonds placés à la caisse d'épargne porteront en un seul total les placements faits jusqu'au 31 mars. Ce total devra être conforme à celui que M. l'inspecteur aura inscrit sur le livret. Ces bulletins contiendront, en outre, le détail des placements faits depuis le 1er avril 1838 jusqu'au 30 juin suivant , ainsi que le montant des intérêts capitalisés à cette époque.

Calcul des intérêts des sommes placées à la caisse d'épargne, depuis le 1er janvier 1834 jusqu'au 31 mars 1838.

L'intérêt des sommes versées jusqu'à présent au trésor pour les caisses d'épargne , en faveur des instituteurs primaires communaux , n'a pas été encore établi , et n'a pu , par conséquent , être capitalisé. M. l'inspecteur devra le calculer , afin que l'on puisse demander aux chambres les crédits nécessaires pour payer ces intérêts ; je désire que l'état qui en présentera le montant me soit envoyé avant le 1er novembre. Je vous adresserai un cadre spécial à cet effet.

Les réclamations à faire par les instituteurs au sujet des sommes qu'ils ont placées à la caisse d'épargne ne peuvent être adressées qu'au préfet ou à l'inspecteur des écoles primaires.

Je vous prie , monsieur le préfet , de donner connaissance à MM· les instituteurs de celles des dispositions de cette circulaire qui les intéressent. Ils connaîtront les ordonnances qui règlent le service des caisses d'épargne par les livrets en tête desquels je les ai fait imprimer. Vous voudrez bien leur faire savoir que s'ils avaient quelques réclamations à faire au sujet soit de la quotité des placements inscrits sur leur livret , soit du calcul des intérêts , c'est à vous ou à M. l'inspecteur des écoles primaires qu'ils doivent les adresser. L'article 11 leur interdit de se mettre en relation pour cet objet avec MM. les receveurs généraux et particuliers des finances.

Nécessité de terminer avant la fin de juin l'établissement des livrets et des comptes courants des instituteurs.

Je vous adresse des exemplaires de cette lettre et des ordonnances pour M. l'inspecteur et le sous-inspecteur des écoles primaires de votre département ; veuillez bien les inviter à se mettre en mesure d'en remplir les dispositions pendant les époques de l'année où les écoles primaires des communes rurales sont le moins fréquentées. Je désirerais qu'ils pussent consacrer les mois de mai et de juin à l'établissement des comptes courants de chaque instituteur, et à l'inscription sur leur livret des retenues qui ont été exercées sur leur traitement, de manière à ce que cette opération fût terminée du 15 au 20 juin. J'ai donné des ordres pour que tous les imprimés que je vous annoncent vous parviennent le plus tôt possible par la voie du roulage accéléré. De cette sorte, l'application des dispositions bienfaisantes qui attestent de plus en plus notre sollicitude pour l'instruction primaire ne souffrira point de retard.

Je vous prie, monsieur le préfet, de m'accuser la réception de cette lettre.

Recevez, monsieur le préfet, l'assurance de ma considération distinguée.

Le ministre de l'instruction publique, grand-maître de l'Université,

Salvandy.

ARRÊTÉS ET DÉCISIONS

Du Ministre et du Conseil Royal de l'instruction publique.

Comités de surveillance.

Titre IV de la loi.

CIRCULAIRE AUX RECTEURS.

Paris, le 9 décembre 1833.

Monsieur le Recteur ,

Vous connaissez l'importance de la mission qu'ont à remplir, à l'égard des écoles primaires , les comités institués en vertu de l'article 18 de la loi du 28 juin dernier. Il importe qu'ils entrent promptement , et sur tous les points du royaume , dans l'exercice complet de leurs attributions, et que les principes et les dispositions , législatives ou réglementaires , qui doivent les diriger soient clairement présens à leur pensée. J'ai examiné avec soin les diverses mesures qu'il leur appartient de prendre , ou auxquelles ils doivent participer , et les instructions que je vous adresse sont le résultat de cet examen. Je vous prie de les communiquer aux comités d'arrondissement, en y ajoutant , selon les circonstances locales , les éclaircissemens dont le besoin se ferait sentir , et qu'il vous sera facile de puiser , soit dans le texte de la loi du 28 juin et de l'ordonnance du 16

juillet , soit dans mes décisions et les avis du conseil royal
de l'instruction publique.

Réunions et délibérations des comités. ,

Le premier acte qui doit suivre l'installation des comités
institués en vertu de l'article 18 est de donner avis ; au recteur de l'académie , de leur constitution définitive. Vous
inviterez tous les présidens des comités de votre ressort académique à vous faire parvenir incessamment cet avis.

Les comités doivent nommer , dans leur première réunion,
un vice-président et un secrétaire. L'article 19 de la loi du
28 juin leur prescrit de procéder annuellement à ces nomi-
nations. Afin qu'elles aient lieu simultanément dans toutes
les académies , il convient qu'à l'avenir les comités s'en occupent dans leur réunion du mois de janvier. Les choix qu'ils
auront faits à la fin de l'année 1833 seront considérés comme valables pour l'année 1834.

Le préfet est président de droit de tous les comités du
département , et le sous-préfet de tous ceux de l'arrondissement. On ne saurait exiger de ces fonctionnaires qu'ils as-
sistent à toutes les réunions de tous les comités du département ou de l'arrondissement ; mais il est fort désirable qu'ils
président habituellement les comités établis au chef-lieu de
la préfecture ou de la sous-préfecture, et qu'ils puissent
présider , au moins une fois par an , les comités établis dans
les autres communes de l'arrondissement chef-lieu , ou des
divers arrondissemens de sous-préfecture. Ce sera , pour ces
fonctionnaires , une occasion de s'assurer si les comités se
réunissent régulièrement , si les registres de leurs délibérations sont bien tenus , enfin si les membres apportent le

zèle nécessaire dans l'accomplissement de leur mission. Toutes les fois que MM. les préfets ou sous-préfets, présidens des comités, seront appelés, par leurs fonctions administratives, dans une commune où siége un comité, je compte qu'ils auront soin de se faire représenter, par le maire, le vice-président ou le secrétaire, les registres des délibérations, et qu'ils vérifieront si les maires, présidens des comités locaux, répondent exactement aux demandes qui leur sont adressées par les comités supérieurs, et s'ils leur envoient régulièrement les divers documens qu'ils sont tenus de leur fournir. Dans le cas où MM. les préfets et sous-préfets remarqueraient quelque négligence de la part de ces fonctionnaires, ils profiteraient de leurs relations habituelles avec eux pour les inviter à mettre plus d'exactitude dans cette partie de leur service.

Le choix du secrétaire est d'une grande importance pour le succès de la mission confiée aux comités. C'est au secrétaire qu'il appartient de rédiger les délibérations et de les consigner sur le registre aussitôt qu'elles auront été prises. Il doit aussi s'occuper, de concert avec le président ou le vice-président, de la correspondance à entretenir habituellement avec les autorités administratives, avec le recteur, avec les inspecteurs qui pourraient être spécialement chargés de la visite des écoles primaires, avec les comités locaux de toutes les communes comprises dans la circonscription du comité supérieur, avec les instituteurs et avec moi-même. Il importe que ces fonctions soient partout confiées à un homme actif, connu par son zèle pour l'instruction primaire, et à qui sa position sociale permette de consacrer du temps à de tels travaux. Le législateur, dans la crainte que les membres du comité ne puissent s'y livrer assidûment, leur a laissé la faculté de prendre le secrétaire hors de son sein. Veuillez bien leur faire remarquer l'importance de ce choix ; les succès du comité et son influence sur les écoles primaires de sa circonscription en dépendront peut-être essentiellement.

Les comités d'arrondissement auront aussi à fixer dans leur première réunion, et chaque année dans leur réunion du mois de janvier, l'époque de chacun des autres mois où ils s'assembleront. La séance, ainsi indiquée, aura lieu sans qu'aucune convocation spéciale soit nécessaire. Je vous prie de rappeler aux membres des comités ces dispositions de l'article 24 de l'ordonnance du 16 juillet dernier, en les invitant à s'y conformer exactemeet. Lorsqu'ils connaîtront d'avance le jour de chaque mois où le comité doit se réunir, les membres qui les composent pourront faire leurs dispositions pour se trouver libres ce jour-là, et ne pas manquer à la séance. Il est d'autant plus indispensable de prendre à cet égard toutes les précautions possibles, que, d'après les dispositions de l'article 20 de la loi du 28 juin, les comités d'arrondissement ne peuvent délibérer s'il n'y a au moins de cinq membres présens; il serait extrêmement fâcheux que leurs travaux se trouvassent suspendus, comme cela a eu lieu quelquefois dans les anciens comités, par l'absence d'un trop grand nombre de membres.

L'article 26 de l'ordonnance du 16 juillet, voulant prévenir les inconvéniens qui résulteraient d'un défaut d'assiduité de la part des membres, a décidé que tout membre élu d'un comité, qui, sans avoir justifié d'une excuse valable, n'aura point paru à trois séances ordinaires consécutives, sera censé avoir donné sa démission et sera remplacé conformément à la loi. Je vous prie de recommander aux présidens et aux vices-présidens de vous tenir exactement informé des absences qui donneraient lieu à l'application de cette disposition, et de porter immédiatement à ma connaissance tous les rapports qui vous seraient faits à ce sujet.

Indépendamment des séances ordinaires dont l'époque aura été réglée d'avance, les comités doivent se réunir toutes les fois qu'un intérêt quelconque relatif à l'instruction primaire en fera sentir la nécessité ou la convenance. Le président et le vice-président sont chargés en ce cas de convoquer les membres. Il vous appartient aussi de demander au besoin des réunions extraordinaires, conformément à l'article 20 de la loi. La délégation que vous tenez à cet effet de vos fonctions mêmes, vous pouvez la transférer à MM. les inspecteurs de votre académie en tournée, ou chargés de missions spéciales.

Surveillance des écoles primaires.

Aux termes de la loi, les comités supérieurs sont spécialement chargés de surveiller et d'encourager l'instruction primaire.

La surveillance ne peut être efficace qu'autant qu'elle se rattache à des principes fixes, à des dispositions précises dont elle procure la stricte exécution. Il convient donc avant tout que toute école primaire ait son réglement, qui fixe la durée des classes, les heures d'entrée et de sortie des élèves pour toutes les saisons de l'année, l'ordre des travaux de chaque séance, les jours de congé, enfin les temps de vacance. Ce réglement doit, autant que cela est possible, obliger tout à la fois les élèves, le maître, les parens. Un des premiers soins des comités sera de vérifier si cette base

7

indispensable de la discipline existe dans toutes les écoles de leur circonscription. S'il y a des écoles encore privées de réglement, ils pourvoiront à ce que cette omission soit réparée. Il sera même utile qu'ils dressent un projet de réglement général, dont les dispositions puissent convenir au plus grand nombre possible d'écoles. Ils vous adresseront ces projets et vous me les transmettrez avec vos observations. Je les examinerai avec soin, en conseil royal de l'instruction publique, et je vous les renverrai en vous indiquant les modifications dont ils me paraîtraient susceptibles. Un réglement général une fois rédigé et adopté ainsi pour chaque circonscription, le comité en provoquera l'application dans toutes les écoles, mais en tenant grand compte des faits divers, des usages particuliers, et en demandant toujours sur ce point l'avis des comités locaux. Tout réglement d'école, arrêté avec ces précautions, devra être envoyé au comité local, pour qu'il le fasse placarder dans la classe, et pour en surveiller l'exécution quotidienne.

Les comités supérieurs mettront à profit cette occasion pour recommander aux membres des comités locaux d'user de toute leur influence auprès des pères de famille, afin de les engager à ne pas retirer leurs enfants de l'école pendant la belle saison. Cet usage, qui existe dans beaucoup de communes rurales, est funeste à l'enseignement et contraire aux intérêts bien entendus des parens ; car les enfans oubliant en été ce qu'ils ont appris pendant l'hiver, l'enseignement est moins rapide et moins parfait ; il exige plus de temps, et l'époque à laquelle les enfants peuvent se livrer entièrement aux travaux agricoles ou industriels se trouve reculée.

Pour que la surveillance des comités d'arrondissement

soit réelle, il est à désirer que les membres se partagent entre eux les écoles de la circonscription, et qu'ils s'imposent l'obligation de les visiter aussi souvent qu'ils le pourront. La loi leur donne d'ailleurs le droit de s'adjoindre des délégués. Ils devront en user toutes les fois que des communes étant placées à une trop grande distance de leur résidence ils ne pourraient en visiter habituellement les écoles.

Dans ces visites, les membres des comités et leurs délégués recueilleront des renseignemens sur la conduite morale des instituteurs, sur le zèle qu'ils apportent dans l'exercice de leurs fonctions, sur leur aptitude et leur capacité, sur la nature de leurs relations avec les élèves, avec les familles et avec les diverses autorités locales. Ils feront procéder en leur présence aux divers exercices de l'enseignement, et vérifieront s'il a dans les différentes écoles l'étendue prescrite par la loi, s'il comprend toutes les matières qu'il doit embrasser, et s'il ne va pas au-delà. Les résultats de ces visites feront l'objet de rapports qu'ils présenteront au comité dans ses réunions mensuelles, et dont le résumé sera soigneusement inscrit, soit sur le registre des délibérations, soit sur les états du personnel que les comités jugeraient convenable de tenir. Les délégués ont le droit d'assister aux séances des comités dans lesquelles on s'occupe des écoles qu'ils ont inspectées; mais ils ne peuvent prendre part qu'aux délibérations qui ont ces écoles pour objet.

Les écoles primaires annexées à des collèges, institutions ou pensions n'en sont pas moins placées sous l'inspection des comités; mais leur surveillance doit alors se borner aux classes primaires, où l'on donne l'enseignement indiqué dans l'article premier de la loi du 28 juin. Elle ne peut s'étendre aux autres classes qui sont placées sous la surveillance des bureaux d'administration et des autorités universitaires.

La loi sur le recrutement de l'armée dispense du service militaire les jeunes gens qui se vouent pendant dix ans à l'enseignement primaire. Les comités d'arrondissement devront veiller à ce que les jeunes gens domiciliés dans la circonscription, que ce motif a fait dispenser du service militaire, tiennent l'engagement qu'ils ont contracté. S'ils apprenaient que quelqu'un de ces instituteurs a renoncé à l'enseignement avant l'expiration du terme fixé par la loi, ils vous en informeraient immédiatement.

Vous aurez soin de prendre l'avis des comités d'arrondissement lorsque les instituteurs communaux demanderont l'autorisation de tenir des pensionnats primaires. Les membres de ces comités devront vérifier, soit par eux-mêmes, soit par des délégués, si la position de famille de ces instituteurs et la disposition du local dans lequel ils se proposent d'établir leur pensionnat permettent d'accueillir leur demande.

Les articles 7 et 23 de la loi du 28 juin donnent aux comités d'arrondissement des droits importans dont ils sauront user avec sagesse, et dans les vrais intérêts de l'éducation populaire. Tout instituteur communal ou privé peut, sur leur demande, être traduit, pour cause d'inconduite ou d'immoralité, devant le tribunal civil de l'arrondissement, et être interdit de l'exercice de sa profession, à temps ou à toujours. Sans doute de telles poursuites ne seront jamais entreprises que pour des causes graves et bien avérées. L'état et la réputation d'un instituteur doivent être soigneusement ménagés ; mais en même temps il est de devoir rigoureux pour les comités, et d'un grand intérêt pour la société tout entière , que la surveillance exercée sur la moralité des instituteurs soit réelle et active. Dans l'état actuel des mœurs , nous avons bien plus à redouter, en pareille matière , le mal de l'insouciance ou de la faiblesse que l'excès de la sévérité. J'espère que les comités exerceront avec modération, mais qu'ils exerceront effectivement, en cas de nécessité , le pouvoir qui leur est confié.

Lorsqu'un comité se trouvera dans la nécessité de réclamer l'application des dispositions dont il s'agit , il devra consigner avec détail dans un rapport les faits sur lesquels sera fondée la plainte dont il se rendra l'organe. Ce rapport sera envoyé au procureur du roi ; le comité vous en adressera aussi une expédition dont vous me transmettrez copie.

Un rapport semblable vous sera adressé toutes les fois que, par suite de négligence habituelle ou de fautes graves , un comité d'arrondissement aura réprimandé , suspendu de ses fonctions ou même révoqué un instituteur. Vous aurez soin de m'envoyer immédiatement copie de ce rapport avec vos observations.

Encouragemens.

Indépendamment de cette surveillance , qui a pour objet de prévenir les fautes et de réprimer les abus, les comités sont appelés à rechercher et provoquer toutes les mesures propres à encourager et améliorer l'instruction populaire. La loi leur indique les principales voies qu'ils ont à suivre pour atteindre à ce but. Je n'ai à ce sujet que de courtes observations à ajouter aux prescriptions de la loi.

Une partie des fonds alloués annuellement au budget de l'état pour l'instruction primaire est distribuée aux communes pour contribuer aux frais d'acquisition , de construction et de réparation des maisons d'école. L'article 22 de la loi , § 4 , appelle les comités d'arrondissement à donner leur avis sur la distribution de ces secours. Déjà ma circulaire du 12 janvier dernier a indiqué les pièces qu'il y a lieu d'exiger des communes qui demandent à y avoir part. En examinant ces pièces , les comités vérifieront soigneusement les besoins réels des communes et les sommes qu'elles pourraient y consacrer , soit au moyen de prélèvemens sur leurs revenus ordinaires ou sur les fonds qu'elles auraient placés au Trésor , soit en s'imposant extraordinairement. Ils examineront aussi si les devis dressés par les architectes satisfont aux vrais besoins des localités ; et , dans le cas où ils reconnaîtraient que ces devis sont conçus dans des proportions exagérées , ils en feraient l'observation. Lorsqu'il s'agira de constructions , ils recommanderont de suivre , autant qu'il se pourra et selon la population de la commune, l'un des plans contenus dans l'ouvrage que vous avez dû leur transmettre , conformément à ma circulaire du 3 décembre courant. On assurera ainsi à toutes les nouvelles maisons d'école une distribution commode , salubre , appropriée sous tous les rapports à leur destination. On évitera en outre par ce moyen les dépenses trop fortes ou qui ne seraient pas tout-à-fait indispensables.

Il est à désirer que chaque commune ou réunion de communes ait en propriété une maison d'école. Les membres des comités , dans leurs relations avec les maires et les principaux habitans des communes qui n'en posséderaient pas encore , devront s'appliquer à provoquer les dispositions nécessaires pour faire cesser cet état de choses. Toutes les fois qu'un projet aura été formé dans ce but , qu'il sera sagement conçu , et que les ressources de la commune seront reconnues insuffisantes pour l'exécuter, ils pourront faire espérer les secours du gouvernement.

Les comités d'arrondissement doivent aussi donner leur avis sur les allocations faites tous les ans, à titre de secours, au profit des instituteurs âgés, chargés de famille et qui sont dans le besoin ; sur les sommes à accorder et les médailles à décerner, comme témoignage de satisfaction, à ceux qui se montrent dignes de récompense : ainsi que sur les livres à distribuer, soit aux élèves qui se distingueraient par leur application et leurs progrès, soit aux communes pauvres dont les habitans seraient hors d'état de se procurer les ouvrages nécessaires pour l'instruction de leurs enfans. Si plus tard, lorsque les besoins les plus urgens seront satisfaits, l'état des fonds mis à ma disposition pour l'instruction primaire me permettait d'établir de nouveaux moyens d'émulation et d'encouragement, soit pour les maîtres, soit pour leurs élèves, les comités interviendraient de droit dans l'exécution de ces mesures.

L'article 22, § 3, de la loi du 28 juin, charge les comités d'arrondissement de m'envoyer chaque année, ainsi qu'au préfet, l'état de situation de toutes les écoles primaires du ressort. L'opinion personnelle que se seront formée les membres des comités, soit par les renseignemens qu'ils auront recueillis, soit par leur propres observations, sur le mérite de chaque instituteur, sera consignée dans cet état. L'époque la plus convenable pour qu'il me soit transmis est le mois d'avril ; c'est alors que s'opère la transition de la situation des écoles en hiver à leur situation d'été, et que des indications plus sûres peuvent être données sur le nombre des élèves pendant toute l'année ; c'est d'ailleurs dans leur session de mai que les conseils municipaux doivent délibérer, conformément à l'art. 1er de l'ordonnance du 16 juillet sur toutes les questions relatives à l'établissement et à l'entretien des écoles primaires communales. Il est nécessaire que, par l'examen préalable de l'état que les comités leur auront fait parvenir, les préfets puissent adresser aux conseils municipaux, avant cette délibération, toutes les communications ou observations qui pourraient tourner au profit des écoles communales.

Le tableau de situation dressé par les comités devra comprendre non-seulement les écoles publiques, mais aussi les écoles privées ; le classement des unes et des autres y sera fait séparément, mais de telle sorte qu'il soit toujours facile de rapprocher et de comparer les écoles publiques et les écoles privées d'une même commune, afin de pouvoir apprécier les divers moyens d'instruction dans chaque localité.

Enfin il sera nécessaire de porter sur ce tableau le résumé des états des enfans qui, dans chaque commune, ne recevraient l'instruction primaire ni à domicile ni dans les écoles privées ou publiques. Les comités d'arrondissement, avant d'arrêter leur travail, auront soin de se procurer ces états qui, aux termes de l'article 21 de la loi, § 3, doivent être dressés par les comités locaux.

Les comités pourront joindre à l'envoi annuel de leur tableau de situation toutes les propositions par lesquelles ils croiraient devoir provoquer, en exécution du § 5 de l'article 22 de la loi, les réformes et les améliorations qu'ils auraient reconnues utiles ou nécessaires.

Les tableaux de situation pour toutes les circonscriptions de votre académie devront m'être transmis par vous dans les dix derniers jours d'avril de chaque année. Vous recommanderez en conséquence à chaque président de comité de vous faire parvenir son travail un peu avant cette époque.

Nomination des instituteurs communaux.

Les fonctions des comités supérieurs ne se bornent pas à la surveillance et à l'encouragement de l'instruction primaire ; la loi leur a conféré en outre un droit dont l'exercice règle l'état des instituteurs communaux ; c'est le droit de nomination déterminé par le sixième paragraphe de l'art. 22.

La marche que les comités ont à suivre lorsqu'il s'agit de nommer un instituteur communal est toute tracée dans le texte que je viens de rappeler, ainsi que dans les articles 16 et 21, § 6 de la loi, et dans l'article 28 de l'ordonnance du 16 juillet. D'après ces dispositions combinées, le conseil municipal présente au comité supérieur, après avoir pris l'avis du comité local, les candidats à la direction des écoles publiques. La présentation peut ne désigner qu'une seule personne ou en comprendre plusieurs ; elle doit consister en une délibération dans laquelle seront exposés les titres de la personne ou des personnes présentées, et dont un extrait, accompagné de l'avis du comité local, sera adressé par le maire au président du comité de la circonscription.

La faculté de nommer emporte nécessairement le droit d'ajourner ou de refuser la nomination dans le cas où le comité n'aurait pas de renseignemens suffisans, comme dans celui où il ne croirait pas pouvoir admettre le candidat du conseil municipal. Il fera alors des observations à ce conseil, en lui donnant connaissance des motifs de l'ajournement ou du refus. S'il arrivait que, malgré ces observations, le conseil municipal persistât dans son premier choix sans donner au comité des explications suffisantes, celui-ci devrait en référer à moi par votre intermédiaire.

Lorsque la nomination pourra au contraire avoir lieu sans difficulté, et c'est ce qui arrivera le plus ordinairement, le comité aura soin de vous envoyer toujours avec son arrêté toutes les pièces mentionnées à l'article 28 de l'ordonnance. L'absence ou le défaut de régularité de ces pièces me forcerait de retarder l'acte d'institution nécessaire pour que l'instituteur communal puisse être admis à prêter serment et installé.

Le comité déléguera un de ses membres pour procéder à l'installation et recevoir le serment de tout instituteur communal dûment nommé et institué.

Ces règles générales s'appliquent sans aucune difficulté aux instituteurs communaux qui entreront désormais en fonctions. Quelques dispositions particulières sont indispensables à l'égard de ceux que la loi a trouvés en exercice.

Tout instituteur qui, pourvu d'un brevet de capacité et d'une autorisation spéciale, dirigeait, au moment de la promulgation de la loi du 28 juin, une école soutenue par une commune, était dès lors instituteur communal. Comme tel, il avait des droits acquis, une véritable possession d'état. Il serait injuste de l'en dépouiller aujourd'hui; ce serait introduire dans l'exécution de la loi une sorte de rétroactivité; ce serait en outre s'exposer à occasionner une perturbation très préjudiciable à l'instruction primaire. N'oublions jamais que le respect des droits et le ménagement des intérêts sont les premières conditions de tout vrai progrès social. A l'égard des anciens instituteurs communaux, dont la position est d'ailleurs régulière sous tous les rapports, il n'y a donc maintenant qu'une chose à faire, c'est l'échange de l'autorisation qui leur avait été délivrée contre une nomination émanée du comité d'arrondissement, et que je confirmerai ensuite par un acte d'institution. La nomination de ces instituteurs ne doit pas être précédée des formalités indiquées au dernier paragraphe de l'article 21 ; il ne s'agit pas en effet de les nommer réellement, puisqu'ils ont un titre valable, mais de remplacer ce titre par un autre, dont la forme soit en harmonie avec les dispositions de la nouvelle loi.

Mais parmi les instituteurs qui ont dirigé jusqu'à présent des écoles communales il peut s'en trouver, et il s'en trouve en effet plusieurs, contre lesquels s'élèvent des plaintes, soit pour inconduite, soit pour défaut de capacité ; c'est un motif d'ajourner la délivrance de leur nouveau titre. Le comité de la circonscription examinera si les torts de conduite peuvent constituer le cas de faute grave qui donnerait lieu à l'application de l'article 23 de la loi. Il procéderait, dans cette supposition, conformément audit article ; et si l'instituteur, après avoir été entendu ou dûment appelé, encourait une condamnation, quelle qu'elle fût, il ne pourrait être question pour lui ni de nomination immédiate ni d'institution. La simple réprimande prononcée par le comité devrait occasionner au moins un délai de trois mois.

Si c'est le reproche d'incapacité ou d'ignorance qui est dirigé contre un instituteur, il faudra d'abord l'avertir qu'il ait à s'efforcer d'acquérir promptement les connaissances qui lui manquent. S'il ne s'en occupait pas sérieusement, si, après un délai de trois ou de six mois, selon les cas, il ne s'était pas rendu plus capable de remplir utilement ses fonctions, ce serait de sa part un fait de *négligence habituelle*, et le comité aurait pareillement à lui appliquer les dispositions de l'article 23. En attendant, il est bien entendu que l'instituteur ne recevrait pas de nouveau titre.

Pour apprécier les effets qu'auront pu produire sur les instituteurs la réprimande qu'il aura prononcée ou les avertissemens qu'il aura donnés , le comité supérieur devra recueillir avec soin des renseignemens , soit par les inspections de ses membres , soit auprès des autorités locales.

Il est possible que, dans certaines communes, le nombre des instituteurs précédemment subventionnés soit plus considérable que celui des instituteurs pour lesquels le conseil municipal a voté , selon les termes de l'article 12 de la loi, un traitement fixe et la jouissance d'un logement. Ce conseil devra être alors invité , par l'intermédiaire du préfet ou du sous-préfet, à désigner , après avoir pris l'avis du comité local , celui ou ceux des instituteurs de la commune qu'il veut maintenir à la tête des écoles communales réorganisées et dotées conformément à la loi. Les instituteurs non compris dans cette désignation ne pourront être ni nommés ni institués ; ils rentreront par le fait dans la classe des instituteurs privés.

J'ai lieu de penser que ces dispositions seront pleinement suffisantes pour écarter de la plupart des communes les mauvais instituteurs , et opérer ainsi dès à présent dans cette classe une grande amélioration , sans brusque et injuste froissement des existences et des droits. Les comités supérieurs agiront donc d'après ces principes , et se mettront , autant qu'ils se pourra , en mesure d'opérer dans l'espace d'une année le renouvellement des titres de tous les instituteurs communaux de leurs circonscriptions respectives. Du reste , il ne perdront pas de vue que, dans les contrées où il y aurait pénurie d'instituteurs , il vaut mieux tolérer à la tête des écoles ceux qui n'auraient pas une capacité suffisante , que de s'exposer à faire disparaître pour un temps tous moyens d'instruction.

Organisation des comités locaux.

Aussitôt que vous aurez été informé de l'installation des comités supérieurs, vous les inviterez à se réunir pour déterminer, conformément à l'article 22 de la loi, deuxième paragraphe, le nombre des comités locaux de chaque commune, ainsi que les écoles placées sous leur surveillance, et pour nommer les notables qui doivent faire partie de ces comités.

Un seul comité local suffira pour la plupart des communes rurales. Cependant, s'il existait dans quelques-unes de ces communes des écoles spécialement affectées à divers cultes reconnus par l'état, on pourrait former des comités spéciaux en nombre égal à celui des écoles appartenant exclusivement à chaque culte.

Dans les chefs-lieux de département et d'arrondissement qui sont composés de plusieurs ressorts de justice de paix ou cantons, on pourra former en général autant de comités qu'il y aura de cantons. Au surplus les comités supérieurs devront pour ces communes, de même que pour les villes qui ne se trouvent pas dans cette catégorie, consulter les convenances et les besoins locaux, ainsi que les vœux qui seraient manifestés. Dans ces communes, comme dans les communes rurales, ils pourront créer des comités distincts pour les écoles spécialement affectées à l'un des cultes reconnus par l'état.

Les comités d'arrondissement auront ensuite à nommer dans chaque commune, même dans celles où il n'existe pas d'école publique, parce qu'elles sont réunies, pour l'entretien de cette école, à une commune voisine, un ou plusieurs

8

habitans notables pour faire partie du comité , avec le maire et le curé ou le pasteur. Il semble qu'en général , et hors les cas de réunion de communes , le nombre des notables ne doit pas dépasser trois. C'est l'esprit de la loi , puisqu'elle a pensé qu'un seul notable pourrait même suffire. Les discussions pourraient se prolonger outre mesure dans les comités locaux trop nombreux , et la surveillance n'y serait peut-être pas plus active, parce qu'il arrive quelquefois en pareil cas que chaque membre se repose trop sur l'exactitude de ses collègues ; d'ailleurs les comités locaux pourront toujours s'adjoindre quelques personnes charitables et zélées pour la visite journalière des écoles.

Si des enfans appartenant à différens cultes fréquentaient la même école, un ministre de chacun de ces cultes devrait être appelé dans le comité local. Le comité supérieur devrait aussi nommer , pour faire partie de ce comité local , des notables pris parmi les personnes qui professent chacun de ces cultes.

Il y a lieu de remarquer que les comités locaux ont inspection tant sur les écoles privées que sur les écoles publiques. Il faudra par conséquent , lorsque plusieurs de ces comités existeront dans une même commune , que le comité supérieur partage entre eux la surveillance des unes et des autres.

Je compte que , dans les trois mois qui suivront l'organisation des comités locaux , je recevrai de vous des tableaux présentant la liste des membres de chaque comité. Vous demanderez ces tableaux aux comités d'arrondissement, en leur faisant observer que cette communication m'est indispensable , ne fût-ce que pour exercer au besoin, en toute connaissance de cause, le droit qui m'est attribué par le dernier paragraphe de l'article 17 de la loi du 28 juin.

Telles sont, Monsieur le Recteur, les principales indications qu'il m'a paru utile de faire parvenir aux comités d'arrondissement sur les fonctions qu'ils ont à remplir. Dans le
cas où elles se trouvaient incomplètes à raison de faits qu'il
n'était pas possible de prévoir d'avance, le zèle et les lumières des hommes honorables qui siégent dans ces réunions
sauront y suppléer. La correspondance que vous entretien-
drez d'ailleurs avec eux leur fournira les éclaircissemens spéciaux dont ils auraient besoin. Ils peuvent compter aussi que
de mon côté je m'empresserai toujours de leur offrir tous les
renseignemens et toutes les directions qu'ils pourraient
désirer.

Recevez, Monsieur le Recteur, l'assurance de ma considération distinguée.

Le Ministre de l'instruction publique,
GUIZOT.

SURVEILLANCE DES COMITÉS.

Consulté sur les questions suivantes, M. le ministre a
répondu :

« Il y a lieu de supposer que tous les membres des comités communaux sont dignes et capables d'inspecter les écoles.
D'après cette considération, j'ai dû décider, 1º que tout
membre d'un comité communal a le droit de visiter les écoles de
la commune sans délégation expresse du comité ; 2º que le
comité peut, quand il le juge à propos, se transporter en
corps dans les écoles ; 3º que le comité peut également charger un ou plusieurs de ses membres de faire l'inspection de
telle école spécialement désignée. »

(Décision, 13 avril 1837).

*Les écoles primaires annexées à des établissements se-
condaires* sont soumises à l'inspection des comités. Mais
leur surveillance doit se borner aux classes prmaires où l'on
donne l'enseignement indiqué à l'art. **1** de la loi ; elle ne
peut s'étendre aux autres classes qui sont sous la surveillance des bureaux d'administration et des autorités universitaires.
(Décision du 6 décembre 1833).

Une école ouverte dans un hospice rentre dans la défini-
tion que donne l'art. **17** de l'ordonnance du **16** juillet **1833**
et doit être soumise à toutes les dispositions qui régissent les
écoles primaires.
(Décision du 27 février 1833).

L'instituteur dirigeant une école primaire placée dans un
hospice est soumis , ainsi que l'école qu'il dirige , à la surveillance des comités communal et d'arrondissement.
(Décision du 27 février 1835).

Une école primaire supérieure annexée à un collége communal ou à une école normale primaire , demeure soumise
à l'inspection et à la surveillance des comités communal et
d'arrondissement.
(Décision du 8 novembre 1833).

Écoles de filles. Le droit d'inspection des comités s'é-
tend sur les écoles de filles aussi bien que sur les écoles de
garçons : seulement les comités appliquent aux écoles de
garçons la loi du 28 juin 1833 et aux écoles de filles les ordonnances et instructions ministérielles relatives à ces écoles.
(Décisions du 24 décembre 1833 et du 14 janvier).

Écoles tenues par des religieuses. L'ordonnance du 23
juin 1836 dispose que les comités locaux et les comités d'arrondissement exerceront sur les écoles primaires de filles , les
attributions énoncées dans les art. **21** (parag. **1, 2, 3, 4, 5**).

22 (parag. 1, 2, 3, 4, 5), 23 (parag. 1, 2 et 3) de la loi du
28 juin 1833.

Cette ordonnance n'établit, comme on le voit, aucune
distinction entre les écoles de filles tenues par des institutrices laïques et celles tenues par des sœurs. Il s'ensuit que ces
dernières écoles sont soumises comme les autres à la juridiction et à la surveillance des comités locaux et d'arrondissement. Seulement ces comités reconnaîtront la nécessité de
n'user de leur droit qu'avec la prudence et les ménagements
que commandent le caractère particulier des sœurs et l'intérêt même de l'enseignement. Ainsi ils feront bien de confier,
autant que possible la visite de ces écoles à ceux de leurs
membres qui sont ecclésiastiques. Il conviendra du reste que
ces membres s'adjoignent, selon l'ordonnance précitée (art.
16 et 17) des dames inspectrices lesquelles assisteront aux
séances avec voix délibérative, lorsqu'elles seront appelées
à faire des rapports sur l'objet de leur mission.
(Décision du 13 juillet 1836).

Salles d'asile. Indépendamment de l'inspection journalière des dames inspectrices et de leurs déléguées, de l'inspection habituelle de la déléguée spéciale et de l'inspection annuelle de la déléguée générale, les salles d'asile seront soumises, conformément aux articles 18 et 28 de l'ordonnance,
à l'inspection ordinaire : 1° des comités locaux et d'arrondissement et, à Paris, du comité central; 2° des inspecteurs
et des sous-inspecteurs primaires; 3° des inspecteurs d'a-
cadémie.
(Règlement général des salles d'asile du 24 avril 1838).

Classes d'adultes. Voir le règlement de ces classes.
Conférence des instituteurs. Tout membre délégué du
comité supérieur, tout membre du comité local de la com-

8.

mune où se tiendra la conférence, comme aussi tout membre d'une commission d'examen ou de surveillance, aura droit en justifiant de sa qualité, d'assister aux réunions d'instituteurs (art. 6 du statut relatif aux conférences d'instituteurs, du 10 février 1837.)

COMITÉS SUPÉRIEURS.

Leur composition. Voir l'article 19 de la loi du 28 juin 1833.

Président. (art. 19 de la loi). En l'absence du président de droit et du vice-président nommé par le comité d'arrondissement, le comité est présidé par le doyen d'âge.
(Art. 25 de l'ordonnance du 16 juillet 1833).

Le *Préfet* présent au chef-lieu et pouvant se rendre au comité, ne doit pas être remplacé pour la présidence, laquelle appartient alors au vice-président nommé par le comité; mais le préfet empêché pour un certain tems, par congé ou par maladie, peut être remplacé au comité par le conseiller de préfecture, qui exerce, dans le cas dont il s'agit, toutes les attributtons du préfet.
(Décisions du 25 mars 1834 et 8 décembre 1835).

Vice-président et secrétaire. Afin que la nomination des vice-président et secrétaire aient lieu simultanément dans toutes les académies, il convient qu'à l'avenir les comités s'en occupent dans leur réunion du mois de janvier.
(Circulaire du 9 décembre 1833).

Secrétaire rétribué. Le conseil royal consulté sur la nécessité d'attacher au comité un commis qui, moyennant un traitement convenable, se chargerait de faire les écritures, a été d'avis qu'il erait fâcheux de voir les fonctions des comités devenir une cause de dépenses autres que les simples frais de bureau , frais nécessairement très-modiques ainsi que le ministre l'a fait observer dans sa circulaire du 24 juillet ; que la circulaire du 9 décembre fait sentir combien il était important que le secrétaire fût un homme actif , connu par son zèle pour l'intruction primaire , et *à qui sa position sociale permît de consacrer du tems à de tels travaux* , que c'est dans cette intention que le législateur a laissé aux comités la faculté de prendre *le secrétaire hors de leur sein* ; que , d'ailleurs , la loi ayant attaché à chaque comité deux membres de l'instruction publique , il sera toujours facile de trouver pour secrétaire , soit parmi ces deux membres , soit au dehors , un homme qui puisse consacrer à ces fonctions une partie de son temps , et qui mette à les remplir tout le zèle et toute la bonne volonté nécessaires.

(7 février 1834).

Conseillers d'arrondissement. Les membres d'un conseil d'arrondissement, appelés en cette qualité au comité d'instruction primaire conformément à l'article 19 de la loi, cessent d'appartenir au comité lorsqu'ils ne font plus partie du du conseil d'arrondissement, attendu que, dans ce cas, ils ne remplissent plus la condition légale qui a déterminé leur admission.

Le notable qui est devenu membre de droit du comité, n'importe à quel titre, doit y être remplacé comme tel par une autre personne que le conseil d'arrondissement aura désignée.

(Décision du 4 août 1833).

Les préfets et sous-préfets sont autorisés à recevoir , de vive voix ou par écrit , le serment des membres nouvellement élus des conseils généraux de département et des conseils d'arrondissement, qui, avant l'ouverture de la session de ces conseils, seraient appelés, à ce titre, aux fonctions ou missions individuelles qui leur sont attribuées par des lois ou des actes de gouvernement.

(Circulaire du 15 janvier 1834).

Nul ne peut être membre d'un comité, en vertu de certaines fonctions qui l'obligent à prêter un serment, s'il n'a réellement prêté le serment exigé.

(Décision du 11 mars 1834).

Le cas s'est présenté où un conseil d'arrondissement n'avait point désigné ceux de ses membres qui devaient faire partie du comité. Alors le préfet pour le comité du chef-lieu de département, et les sous-préfets pour les comités d'arrondissement, ont été autorisés à faire eux-mêmes les désignations, par mesure provisoire, et jusqu'à ce que les conseils d'arrondissement aient pu se réunir de nouveau et faire les désignations que la loi leur attribue.

(Décision du 3 septembre 1833).

Ministres de la religion. Curés , Pasteurs protestants, Rabbins. Tout culte reconnu par l'État doit être représenté dans tout comité d'arrondissement, dans la circonscription duquel exercent un ou plusieurs ministres de ce culte. Le culte qui n'a pas de ministre exerçant dans la circonscription d'un comité supérieur, n'a pas lieu de demander à être représenté dans ce comité.

(Décision du 8 mars 1836).

Le même pasteur peut être à la fois membre du comité d'arrondissement et du comité local. Cette nécessité pour le ministre d'un culte, d'être à la fois membre des deux comités, est surtout incontestable à l'égard d'un Rabbin, qui se trouve la plupart du tems, le seul ministre de sa religion

dans la commune où il exerce, et qui, comme tel, ne pourrait jamais être exclu de l'un ou de l'autre des comités sans
qu'il en résultât une lacune évidemment contraire aux intentions de la loi.

Décision du 4 août 1833.

Un ministre protestant pasteur dans plusieurs communes appartenant à des arrondissements de sous-préfectures
qui dépendent de divers départements, peut et doit faire
partie tant des comités superieurs que des comités locaux
non seulement des communes qu'il dessert, mais encore de
celles où il existe un certain nombre de ses co-religionnaires
qui, sans avoir d'église distincte, reçoivent ses soins spiri-
tuels, attendu qu'un ministre jugé apte à exercer les fonctions du culte dans différentes communes, doit être réputé
également propre à s'occuper des intérêts et des besoins de
de l'instruction primaire dans ces communes.

Décision du 31 décembre 1833.

Le juge de paix ou le curé, qui, pour maladie ou infir-
mité habituelle, se trouve dans l'impossibilité de prendre
part aux délibérations du comité d'instruction primaire, doit
être remplacé par le juge de paix ou le curé qui vient immédiatement après par rang d'ancienneté.

Décision du 9 novembre 1833.

Un maire, président d'un comité local, peut aussi faire
partie du comité supérieur : il n'y a nulle incompatibilité entre ces deux titres de membre du comité supérieur et de
président du comité local; la loi l'a ainsi voulu pour toutes
les communes où siége un comité supérieur et où doit exister
aussi un comité local; elle ne l'a interdit pour aucun.

Décision du 13 décembre 1833.

Les délégués du comité ont seulement le droit d'assister

aux séances où il est question des écoles dont ils ont l'inspection.

Décision du 13 décembre 1833 , du 21 janvier 1834.

Les délégués n'ont pas *la franchise* avec les comités. Sⁱ
quelque circonstance particulière motivait de leur part, des
communications plus promptes et plus directes, ils pourraient remettre leurs dépêches au maire de la commune, président du comité local, qui les transmettrait, sans frais, au
sous-préfet de l'arrondissement en sa qualité de président du
comité supérieur.

(Décision du 15 décembre 1834).

Délégués du ministre. Les *Recteurs* sont les délégués du
ministre et peuvent en conséquence convoquer extraordinairement les comités. Ils peuvent transférer aux inspecteurs-
d'académie en tournée , la délégation qu'ils tiennent de leurs
fonctions mêmes.

(Circulaire du 9 décembre 1833.

L'inspecteur des écoles primaires a aussi le droit de demander , conformément à l'art. 20 de la loi , une convocation
extraordinaire du comité (règlement du 17 fevrier et circulaire du 13 août 1835); mais il n'a pas voix délibérative au
comité.

(D cision du 17 novembre 1835).

Un membre remplaçant est nommé seulement pour le
temps qui restait à faire au membre décédé ou démissionnai-
re , sauf à être réélu lors du renouvellement triennal.

(Décision du 23 février 1839).

Notables. Lors d'une réunion de communes d'arrondis-
se ment, différents , c'est le comité supérieur de la commune
chef-lieu qui doit désigner les notables faisant partie du co-

mité local ; mais le président de ce comité supérieur devra consulter l'autre comité d'arrondissement.

(Décision du 3 octobre 1834).

Réunions mensuelles. Voir l'art. 24 et 26 de l'ordonnance du 16 juillet.

Connaissant d'avance le jour de chaque mois où le comité doit se réunir, les membres qui le composent pourront faire leurs dispositions pour se trouver libres ce jour-là et ne pas manquer à la séance. Il est d'autant plus indispensable de prendre à cet égard toutes les précautions possibles, que, d'après les dispositions de l'art. 20 de la loi, les comités d'arrondissement ne peuvent délibérer s'il n'y a au moins cinq membres présents : il serait extrêmement fâcheux que leurs travaux se trouvassent suspendus, comme cela a eu lieu quelquefois dans les anciens comités, par l'absence d'un trop grand nombre de membres.

(Circulaire du 9 décembre 1833).

La disposition de l'art. 26 de l'ordonnance royale ne s'applique pas aux membres de droit, qui ne peuvent donner de démission proprement dite et dont le refus à cet égard ne peut être considéré que comme une simple déclaration de ne point assister aux séances.

(Décision du 28 juin 1831).

Les membres d'un comité ne peuvent prendre de délibération pour donner en masse leur démisssion, attendu qu'il n'est permis à aucun fonctionnaire de donner ainsi en masse une démission dont l'effet serait d'empêcher ou de suspendre l'accomplissement d'un service quelconque ; que telle est la disposition formelle de l'art. 126 du code pénal ; et qu'une délibération contraire à cette disposition doit être mise entre les mains du procureur du roi, qui suivra comme de droit.

(Décision du 28 février 1837).

Réunions extraordinaires. Voir la circ. du 9 décembre 1833 page 73.

JURIDICTION DES COMITÉS.

La minorité d'un comité supérieur a le droit de faire consigner son avis et ses observations dans le procès-verbal de la délibération.

Toute copie de ce procès-verbal doit contenir l'avis émis par la minorité, s'il y a été consigné.

(Décision du 30 septembre 1834).

Les comités ont mission de *proposer des mesures* d'amélioration et de réforme, et non de les arrêter : tout règlement concernant les écoles de divers degrés devant émaner du Conseil royal de l'instruction publique, sous l'approbation du ministre secrétaire d'état de ce département.

(Décision du 19 mai 1837).

Nomination des instituteurs communaux. Le vœu de la loi est que la nomination d'un instituteur communal soit précédée de l'avis du comité local et de la présentation du conseil municipal ; mais il n'importe pas que le comité donne son avis avant ou après la provocation de la part du conseil municipal, il suffit que le conseil municipal ne fasse sa présentation qu'accompagnée de l'avis du comité local ; dès lors le comité supérieur est éclairé par les deux avis, suivant le vœu de la loi.

(Décision du 25 février 1834).

Les places d'instituteur communal peuvent être mises au *concours* ; mais ce mode de nomination ne doit avoir lieu que sur la demande des conseils municipaux, qui ne peuvent être contraints d'y recourir, s'ils préfèrent s'en tenir à leur droit de présentation pure et simple.

(Décision du 5 septembre 1834).

Toutes les fois qu'un comité communal établit un *con-cours*, il n'est point tenu de donner au conseil municipal la liste des candidats appelés au concours.

(Décision du 4 août 1835).

Le conseil municipal ne peut être tenu de présenter *plu-sieurs candidats* pour une seule place ; si le comité d'arrondissement ne croit pas devoir nommer le candidat présenté, le conseil municipal doit faire une autre présentation, les communes populeuses doivent être invitées à présenter plusieurs candidats.

(Décision du 12 novembre 1833).

Un conseil municipal est libre de présenter au comité d'arrondissement, après concours, *l'instituteur le moins capable* ; mais alors il y aurait abus de pouvoir, et le comité supérieur, qui nomme, aurait le droit de refuser le candidat présenté, s'il le jugeait incapable.

(Décision du 7 janvier 1834).

Consulté sur la question de savoir si l'on ne doit pas inférer de l'arrêté du Conseil royal, en date du 7 janvier 1834, que les comités d'arrondissement *ont le droit de s'assurer, par un examen, si le candidat* muni d'un brevet de capacité et présenté par un conseil municipal, *possède l'aptitude nécessaire* pour remplir les fonctions d'instituteur communal, M. le ministre de l'instruction publique a répondu :

Le conseil royal a émis l'avis par cet arrêté que, dans le cas où un conseil municipal aurait, entre plusieurs candidats, choisi le moins méritant pour le présenter au comité d'arrondissement, ce comité serait libre de lui refuser son suffrage s'il le jugeait incapable. Ce jugement, toutefois, n'implique pas le droit d'examen qu'il serait impossible d'ap-

9

pliquer à des sujets porteurs de brevets réguliers, et qui, par cela même, sont aptes à exercer, comme instituteurs privés ou publics. Il demeure du reste incontestable qu'il appartient aux comités d'arrondissement d'éclairer leur opinion sur les candidats brévetés, par toutes sortes d'épreuves orales, isolées ou comparatives, sans qu'il y ait lieu, bien entendu, d'en dresser procès-verbal, ni de les mentionner dans la délibération.

(12 novembre 1834).

Il n'est pas douteux que les comités d'arrondissement n'aient été libres d'astreindre à *l'examen* les anciens instituteurs avant de les confirmer dans l'exercice de leurs fonctions; c'est ce qui résulte de la circulaire du 9 décembre 1833. Mais quant aux instituteurs brévetés suivant le programme de la loi nouvelle, ces comités ne peuvent procéder de la même manière, car se serait empiéter sur les attributions de la commission d'instruction primaire. On doit considérer le brevet que cette commission a délivré après les épreuves requises, comme une garantie, comme une preuve suffisante d'aptitude, qui dispense de recourir à toute autre justification. Ce qui précède ne limite en rien le droit qui est légalement dévolu aux comités, de choisir le maître qu'ils jugent le plus digne de leurs suffrages. Il leur appartient en effet de nommer ou de refuser les candidats selon les motifs qui influent favorablement ou non sur leur détermination.

(Lettre du ministre de janvier 1837).

Dans aucun cas, un instituteur, déjà *muni d'un brevet*, ne peut être contraint à se pourvoir d'un autre brevet, mais le comité, aux termes de la circulaire du 9 décembre 1835, doit avertir l'instituteur, qu'il juge trop peu instruit, de travailler à perfectionner son instruction ; lui assigner un dé-

lái de 3 ou 6 mois ; et, au bout du terme fixé , s'assurer
par lui-même , ou par ses délégués , si l'instituteur a mis à
profit l'avertissement qui lui a été donné ; dans le cas où le
dit instituteur, n'ayant pas tenu compte de cet avertissement , aurait par là même , encouru le reproche de négligence habituelle , le comité devrait le mander devant lui et
statuer ce que de droit.

(Décision du 3 octobre 1834)

Le fait *de disparition de l'instituteur et de plainte* portée
contre lui devant le tribunal civil ne dispense pas le comité
d'arrondissement de l'instruction de l'affaire. Ce comité n'en
doit pas moins remplir sa tâche , mander l'instituteur inculp-
pé , et, s'il y a lieu, prononcer sa révocation , conformément à l'art. 23 de la loi du 28 juin. Justice doit être faite
dans l'une et l'autre juridiction. (*M. 15 décembre* 1834).

Lorsqu'un conseil municipal se refuse à présenter aucun
candidat pour remplir les fonctions d'instituteur et qu'aucun
habitant ne veut accepter les fonctions de membre du comité
local, le comité d'arrondissement, après avoir mis le conseil municipal en demeure de présenter un instituteur, et
après avoir pris l'avis du maire et du curé, doit faire une
nomination d'office.

(Décision du 17 mai 1834).

D'après les principes concernant la juridiction , le comité
ne peut se borner à déclarer au bas d'une plainte portée contre un instituteur, que les faits avancés son dénués de fon-
dement. *Il faut une instruction complète* : envoi d'un membre ou d'un délégué du comité sur les lieux mêmes ; enquête,
rapport du commissaire du comité; notification à l'instituteur des faits articulés contre lui ; comparution ou défense

par écrit de l'inculpé ; procès-verbal de ses réponses et décision du comité sur chaque grief.

(Décision du 11 mars 1834).

On ne peut refuser au comité d'arrondissement le droit *de
réprimande* vis-à-vis de tout instituteur soit *communal*, soit
privé ; dès lors , tout délégué du comité , et , à plus
forte raison , l'inspecteur primaire qui est délégué du ministre , a le droit de constater les fautes ou les torts qui peuvent mériter le blâme ; et un procès-verbal ou une enquête
sont les moyens réguliers de constater ces faits ; en cas de
récidive, de la part d'un instituteur privé, dans les fautes
qui ne seraient pas de nature à être poursuivies devant le tribunal civil , le comité n'aurait encore que la voie de censure
et de réprimande.

(Décision du 4 avril 1837).

Consulté sur la question de savoir si les comités d'arrondissement peuvent être autorisés comme les tribunaux à *faire
citer des témoins* dans les affaires d'ordre , de discipline et
de moralité dont ils étaient saisis, M. le ministre de l'instruction publique a répondu : cette autorisation ne peut
être donnée. La loi seule pouvait conférer aux comités un
semblable pouvoir ; et, dans tous les cas, il n'y a pas lieu
de créer ce nouveau moyen d'instruction. Ceux qui existent
suffisent aux besoins d'une bonne administration, sans présenter aucun des inconvénients que la preuve par témoins
pourrait avoir en pareille matière.

(Octobre 1834).

CIRCULAIRE DU MINISTRE.

Paris, le 21 mars 1834.

MONSIEUR LE RECTEUR,

La juridiction disciplinaire à laquelle la loi du 28 juin 1833 soumet les écoles primaires porte un double caractère de modération dans les peines et de simplicité dans la procédure. Il en devait être ainsi, et l'exécution de la loi, sous ce rapport, paraît assez facile.

Néanmoins, certains cas particuliers ont donné lieu à d'utiles observations. D'un autre côté, on a élevé des doutes sur l'étendue ou sur les formes de cette juridiction, et il importe de ne laisser aucune incertitude sur une matière qui, intéressant un très grand nombre de justiciables, touche de près à l'amélioration et à la dignité de l'instruction primaire.

Et, d'abord, en ce qui concerne l'étendue de la juridiction, il faut bien reconnaître, et il faut répéter aux comités, que leur droit d'inspection embrasse toutes les écoles, et privées et publiques; que le principe de la liberté d'enseignement, largement appliqué aux écoles privées, loin d'être une raison de diminuer la surveillance de l'autorité, a été au contraire un motif pour rendre cette surveillance plus active et plus zélée : la confiance de la loi et la sécurité des familles sont à ce prix. On ne saurait en douter, si l'on rapproche les dispositions des articles 7 et 21; 21, §§ 1 et 5; 22, §§ 1 et 5; 23, § 1.

Il y a seulement une distinction à faire pour les conséquences de ce droit général, entre les écoles privées et les écoles publiques. A l'égard de celles-ci, l'action des comités va plus loin qu'à l'égard des écoles privées. Ainsi, l'institueur communal et l'instituteur privé peuvent également être suspendus par le maire, en cas d'urgence et sur la plainte du comité local (art. 21, § 1, et art. 25); pour l'un comme pour l'autre, le comité d'arrondissement, auquel le maire a rendu compte de la suspension par lui prononcée, a le pouvoir de confirmer ou d'annuler la décision du maire; mais là s'arrête la juridiction du comité supérieur vis-à-vis l'instituteur privé. Un jugement qui entraînerait pour cet instituteur la perte de son état est réservé aux tribunaux (art. 7), tandis que pour l'instituteur communal le comité peut aller en avant et prononcer la révocation (art. 23).

Il appartient, en outre, aux comités supérieurs de poursuivre devant les tribunaux, dans les cas prévus par les articles 7 et 24; l'application de la peine d'interdiction à temps ou à toujours, soit aux instituteurs privés, soit aux instituteurs publics.

Quant aux formes suivant lesquelles la juridiction des comités doit être exercée, les principes fondamentaux qui assurent tout à la fois la répression des délits et le droit de la défense ont été posés depuis long-temps pour les instituteurs primaires comme pour les autres membres de l'instruction publique; il reste à les appliquer dans les termes et dans les limites de la loi du 28 juin.

Deux règles surtout doivent être observées.

La première veut que nul ne soit condamné s'il n'a été entendu.

La seconde, que toute accusation soit éclaircie à charge ou à décharge

Premièrement, la raison et l'équité demandent que nul ne soit exposé à subir aucune peine sans qu'il ait été suffisamment averti de l'inculpation dont il est l'objet, et qu'il ait été mis à portée de se défendre par tous les moyens qui sont en son pouvoir. A cet effet, il est nécessaire que, du moment où une inculpation paraît prendre quelque consistance, tous ceux qui ont mission de maintenir l'ordre et la discipline, depuis le président du comité local qui surveille immédiatement l'instituteur de la commune, jusqu'au recteur qui gouverne toute l'académie, se fassent une loi inviolable, chacun dans sa sphère, de spécifier par écrit les griefs sur lesquels l'homme inculpé devra fournir ses réponses.

De cette manière, tout se réduira en faits. On citera des actes d'insubordination, de négligence habituelle, d'inconduite ou d'immoralité; des propos coupables publiquement tenus, des devoirs d'état obstinément violés. Sur ces propos, ses actes, ses violations de devoirs, clairement articulés, le prévenu saura ce qu'il peut dire pour sa justification, ce qu'il est contraint d'avouer, ce qu'il est fondé à repousser comme faux et calomnieux, ou comme invraisemblable et même impossible, en raison de telles ou telles circonstances.

Alors, dès le commencement de l'affaire, avant que le scandale ait pu se propager, on verra le plus souvent la vérité se faire jour, soit au soutien de l'accusation, soit dans le sens de la défense.

Dans le premier cas, on est à peu près sûr de parvenir à la conviction du coupable; et si le délit acquiert de la publicité, du moins le mal de cette publicité est compensé par l'avantage d'une punition exemplaire, ou par l'avantage non moins grand d'une démission volontaire et définitive.

Dans le second cas, tout s'efface, tout rentre dans l'ordre accoutumé, et l'avenir reste à celui qui a su expliquer et justifier le passé.

La seconde règle n'est pas moins conforme à ce que demandent l'équité naturelle et un honorable esprit de corps. Toute plainte sérieuse doit être examinée, toute imputation doit être vérifiée. Il importe également, soit de faire taire promptement l'accusation en donnant lieu à la manifestation de l'innocence de l'instituteur inculpé, soit de prouver, si les faits sont établis, que le corps enseignant ne tolère dans son sein aucun vice constaté, n'y laisse impuni aucun tort reconnu.

Quelques mots achèveront de montrer la marche que les comités doivent suivre dans l'instruction et le jugement des affaires de ce genre.

Une plainte s'élève.

Le comité local, surveillant quotidien de la conduite et de l'enseignement de l'instituteur, commence par lui donner les avertissements convenables; et l'on doit espérer que le plus souvent, rappelé au sentiment de ses devoirs, sensible d'ailleurs à son intérêt personnel, cet instituteur ne se hasardera pas à mépriser les exhortations paternelles du premier magistrat de la commune, du ministre de la religion, ou des honorables citoyens désignés par le conseil de l'arrondissement.

Si ces premiers moyens d'amendement sont inutiles, le comité local rédige une délibération où les griefs sont explicitement énoncés; et comme cette délibération a pour objet de consigner les réclamations ou les plaintes, et non pas de les juger, le comité n'est pas tenu d'entendre l'instituteur. Il prend l'avis de la majorité des membres présents à la séance, et envoie sa délibération au comité d'arrondissement. Il y a, dès-lors, plainte formelle.

Une fois saisi de la plainte du comité communal, ou même

agissant d'office lorsque le comité communal n'a point adressé de plainte, le comité supérieur prend possession de l'affaire, et suit ou complète l'intruction. Il charge un de ses membres ordinaires ou un de ses délégées de rassembler tous les renseignements qu'il est possible de se procurer, de vive voix ou par écrit, soit auprès des autorités locales, soit auprès des pères de famille les plus dignes de créance. Muni de tous ces documents, le commissaire fait son rapport, et le comité dresse un résumé des faits sur lesquels il lui paraît qu'il y a lieu d'entendre l'instituteur. C'est en quelque sorte l'acte d'accusation, qui doit être communiqué à l'inculpé et devenir la matière du jugement.

Ce résumé est notifié à l'instituteur, avec l'indication du jour et de l'heure où il devra comparaître en personne devant le comité d'arrondissement pour y faire valoir ses moyens de défense, si mieux il n'aime envoyer un mémoire justificatif. Il n'est pas besoin de dire que l'inculpé peut cumuler ces deux moyens, et déposer un mémoire tout en se présentant au comité. On devra se souvenir que toute délibération, et à plus forte raison celle qui a lieu en matière de juridiction, exige la présence de cinq membres au moins (*Art.* 20 *de la loi*). Au-dessous de ce nombre le jugement serait frappé de nullité.

Si l'inculpé comparaît, on dresse procès-verbal de l'interrogatoire que le président du comité lui fait subir ; ses réponses sont consignées au fur et à mesure. L'interrogatoire terminé, lecture du tout lui est faite ; il est invité à signer ; s'il s'y refuse, cette circonstance est mentionnée : dans tous les cas, le président et le secrétaire signent ; l'inculpé se retire, et le comité statue sur l'affaire à la majorité des voix, soit en déclarant que les inculpations ne sont pas fondées,

ou qu'il n'y a , quant à présent, preuve suffisante de culpa-
bilité; soit en prononçant, si l'instituteur est trouvé coupable, ou la réprimande, ou la suspension avec ou sans privation de traitement pendant un temps plus ou moins long
qui ne peut excéder un mois, ou enfin la révocation, si le
fait lui paraît mériter cette dernière peine.

En cas d'acquittement, l'instituteur reçoit aussitôt avis
de la délibération.

Si une peine quelconque est prononcée, extrait de la décision du comité est notifié dans les vingt-quatre heures à
l'instituteur condamné.

En cas de suspension, le comité doit expliquer s'il y aura
ou non privation de tout ou partie du traitement. Du reste,
au comité seul appartient le droit de prononcer une privation de ce genre. Le maire peut bien , d'après l'art. 21, suspendre un instituteur, mais il ne peut pas attacher à cette
suspension une privation quelconque de traitement.

Dans ce même cas de suspension, le comité d'arrondissement charge le comité local de pourvoir à ce que les élèves
ne soient pas privés d'instruction , et tout ou partie de traitement devenu disponible pour le temps que doit durer la
suspension est employé à cette fin.

S'il s'agit d'une révocation , l'extrait de la délibération est
accompagné d'un avertissement portant que la loi donne à l'instituteur la faculté de se pourvoir devant le Ministre de l'instruction publique , et qu'elle lui accorde , pour former son
pourvoi, le délai d'un mois, à partir de la notification du
jugement. Cette notification est faite par le maire de la commune, qui en dresse procès verbal. L'instituteur doit être
averti en même temps que, nonobstant la faculté qu'il a de
se pourvoir, la décision du comité est exécutoire par provision.

Si l'instituteur a fait défaut, il peut se représenter et demander au comité de l'entendre au jour qui lui serait désigné. S'il se laissait juger une seconde fois par défaut, il ne serait plus recevable à paraître devant le comité, et il ne resterait plus qu'à se pourvoir devant le Ministre en conseil royal.

Il est bien entendu qu'en toute circonstance le comité d'arrondissement informe le recteur de sa décision finale, et lui envoie, pour être déposé aux archives de l'académie, un extrait authentique de cette décision. Vous m'en transmettrez sur-le-champ une copie, ainsi que je vous l'ai déjà recommandé par ma circulaire du 9 décembre.

Je me borne aujourd'hui, Monsieur le Recteur; à mettre sous vos yeux le principe et les réflexions qui précèdent. A mesure que la loi recevra une exécution plus étendue, il pourra se présenter d'autres cas qui demanderont de nouvelles explications. Je m'empresserai, avec l'assistance du conseil royal, d'éclaircir vos doutes et de résoudre toutes les difficultés. Mais je ne finirai pas cette première instruction spéciale sur la juridiction sans vous recommander une observation importante : c'est qu'il faut principalement s'attacher à prévenir les fautes, et que par conséquent les instituteurs doivent être souvent avertis, conseillés, exhortés, soit par vous-même, soit par vos inspecteurs, soit par les membres des comités, soit enfin par tous ceux qui, avec vous et sous votre haute surveillance, s'efforcent de répandre le bienfait de l'instruction primaire.

COMITES LOCAUX.

Article 17 *de la loi.*

L'existence d'un *comité d'arrondissement* dans une commune ne saurait dispenser d'y établir un *comité local.*
(Décision du 25 février 1834).

Rien ne s'oppose à ce qu'un *adjoint* soit expressément nommé membre du comité local ; et au surplus, il est à désirer qu'il y ait au moins trois notables outre le maire ou l'adjoint et le curé
(Décision du 13 décembre 1834).

La loi n'appelle aux comités que le *maire* ou *l'adjoint*, et non pas le maire et l'adjoint simultanément.
(Décision du 13 juin 1834)

Un *curé* membre de droit du comité de la commune qu'il habite, est aussi membre de droit des comités des communes qu'il va encore desservir et où il n'a qu'un pied-à-terre.
(Décision du 13 décembre 1833).

Le Conseil royal, considérant que la loi du 28 juin 1833, art. 17, appelle au comité local le curé ou pasteur ; qu'elle veut une surveillance journalière, continuelle ; qu'ainsi elle a dû entendre par curé ou pasteur le ministre de la religion qui peut exercer une telle surveillance, a décidé que, dans le cas où *le desservant n'a le titre ni de vicaire*, ni *de succursaliste* de la commune qu'il dessert et qui n'est dans la division paroissiale que l'annexe d'une commune voisine, c'est le desservant qui doit faire partie du comité local.
(Décision du 11 mars 1834).

La qualité d'*habitant domicilié* dans la commune est de rigueur pour l'exécution de l'art. 17 de la loi, à moins d'impossibilité absolue de trouver un habitant capable d'être membre du comité local.

(Décision du 11 mars 1834).

Rien ne s'oppose à ce qu'un *percepteur* ou *receveur* municipal soit membre du comité local

(Décision du 8 décembre 1835).

La loi du 28 juin 1833 en autorisant le Ministre de l'instruction publique à *dissoudre*, suivant les circonstances, un *comité local* et à lui substituer un nouveau comité, n'a pas prévu le cas où il deviendrait nécessaire de révoquer un membre isolé. Le silence qu'elle garde à cet égard ne permet pas de pourvoir à son remplacement ; mais il appartient au comité d'arrondissement de l'inviter à se retirer spontanément en donnant sa démission. S'il s'y refuse, ce comité est libre d'adjoindre un ou plusieurs notables de plus au comité local, comme le paragraphe 1er de l'art. 17 de la loi précitée lui en donne le droit. C'est le seul moyen efficace d'atténuer les inconvénients que la négligence ou l'influence pernicieuse d'un membre du comité local serait de nature à entraîner pour l'instruction primaire.

(Décision du 5 juin 1835).

Un comité d'arrondissement n'a aucun droit de *coercition sur un comité local* ; il doit seulement, en cas de négligence, l'inviter à remplir les fonctions qui lui sont déférées par la loi, et provoquer, s'il y a lieu, sa dissolution conformément à la loi, Mais il n'a point le droit de révoquer lui-même les notables par lui désignés comme membres du comité local, droit qui enlèverait à ce dernier comité toute liberté d'action, et l'annulerait au profit du comité d'arrondissement.

(Décision du 5 janvier 1836).

Tout membre d'un comité communal a le droit de visiter les écoles de la commune sans délégation expresse du comité. 2° Le comité peut, quand il le juge à propos, *se transporter en corps* dans les écoles. 3° Le comité peut également charger un ou plusieurs de ses membres de faire l'inspection de telle école spécialement désignée.

(Décision du 15 avril 1837).

Lorsque *le curé* membre du comité est *absent* ou *empê-ché*, il doit être suppléé par le plus ancien après lui dans la circonscription.

(Décision du 26 avril 1842).

✢✢✢✢✢✢✢✢✢✢✢✢✢✢✢✢✢✢✢✢✢✢✢✢✢✢✢✢✢✢✢⊕

COMMISSIONS D'EXAMEN.
Art. 25 de la loi.

CIRCULAIRE du ministre de l'instruction aux recteurs.

Monsieur le recteur, il était indispensable, pour l'exécution de la loi du 28 juin dernier, sur l'instruction primaire, d'adopter de nouvelles dispositions à l'égard des brevets de capacité et des examens d'après lesquels ces brevets devront être délivres à l'avenir.

Je viens d'arrêter en conseil royal les mesures propres à réaliser, en cette matière, les intentions du législateur, et j'ai l'honneur de vous adresser le réglement qui en prescrit l'application.

Aux termes de l'article 25 de la loi, il doit y avoir dans chaque département une ou plusieurs commissions d'instruction primaire, nommées par le ministre de l'instruction publique, et chargées, 1° d'examiner publiquement, à des époques déterminées, tous ceux qui veulent obtenir des brevets de capacité, soit pour l'instruction primaire élémentaire, soit pour l'instruction primaire supérieure ; 3° de délivrer les brevets aux aspirans qui en auront été jugés dignes.

Ainsi, monsieur le recteur, la loi veut que dans chaque département il existe une commission d'examen; elle permet d'en établir plusieurs. Sur ce dernier point, j'aurai besoin de recueillir les observations que l'expérience vous aura suggérées. C'est à vous de me dire s'il vous paraît que, dans l'intérêt des candidats comme pour le bien du service, il convienne de placer une de ces commissions dans chaque arrondissement de sous-préfecture, ou s'il suffirait d'en former une seule au chef-lieu du département. J'attendrai vos propositions à ce sujet; je vous prie de me les adresser aussi promptement qu'il vous sera possible.

Il ne vous échappera pas que, d'après les art. 2 et 15 du réglement, il y aurait une différence essentielle entre la commission établie au chef-lieu du département et les autres commissions. Celles-ci ne s'occuperaient que des examens et des brevets pour l'instruction primaire élémentaire, celle-là ferait les examens et délivrerait les brevets, non-seulement pour l'instruction primaire élémentaire, mais aussi pour l'instruction primaire supérieure. D'une part, le nombre beaucoup moins considérable des aspirans au brevet du degré supérieur; d'autre part, la certitude de trouver dans tous les chefs-lieux de département un collége royal ou communal, dont les fonctionnaires seront naturellement disposés à faire partie des commissions d'examen, expliquent cette différence d'attributions.

Dans tous les cas, vous comprenez combien il importe que ces commissions soient composées d'hommes éclairés, ayant fortement à cœur les progrès de l'instruction primaire et résolus de s'acquitter avec zèle de la mission que la loi leur confie. Le brevet de capacité et le certificat de moralité étant désormais les seules conditions imposées à quiconque voudra se charger de l'instruction et de l'éducation de l'enfance, on ne saurait apporter trop de soins à s'assurer que ces deux conditions sont effectivement remplies et à empêcher qu'elles ne dégénèrent en vaines formalités.

L'art. 4 du réglement donne à cet égard aux familles et à la société les garanties désirables, soit par le nombre des membres qui composeront chaque commission d'examen, soit par l'admission de droit au sein de ces commissions de plusieurs membres appartenant déjà à l'instruction publique. Des hommes voués à l'étude des sciences posséderont à coup sûr les connaissances nécessaires pour bien juger de l'instruction des aspirans au brevet de capacité; des hommes exercés aux fonctions de l'enseignement sauront apprécier à quel point les aspirans sont au courant des bonnes méthodes et en état de les pratiquer. Enfin, des membres de l'Université, soigneux de son honneur, veilleront avec scrupule à ce que des brevets qui seront, pour ainsi dire, le premier grade de la hiérarchie, ne soient conférés qu'à des hommes capables et dignes d'y prendre place.

Au nombre des personnes qui devront, de concert avec trois membres de l'instruction publique, former les commissions d'examen, sera certainement appelé, monsieur le recteur, un ministre de la religion. La loi a mis l'instruction morale et religieuse en tête de l'instruction primaire; il faut donc que l'instituteur ait prouvé qu'il saura transmettre aux enfants confiés à ses soins ces importantes notions, première règle de la vie. Sans doute, tout fonctionnaire de l'instruction publique, tout père de famille, qui, sur votre proposition, aura été nommé membre d'une commission d'examen, sera en état d'apprécier l'instruction morale et religieuse des candidats; mais il convient que les futurs instituteurs fassent leurs preuves de capacité en ce genre sous les yeux des hommes que leur caractère propre et leur mission spéciale appellent plus particulièrement à en être juges.

En ce qui touche les connaissances physiques et mathématiques dont les élémens, à des degrés divers, sont également compris dans l'enseignement primaire, j'ai la confiance qu'indépendamment des membres de l'Université, vous trouverez de zélés coopérateurs parmi les hommes habituellement occupés de l'étude des sciences et de leurs applications. Des ingénieurs des ponts et chaussées, des architectes, d'anciens élèves de l'école polytechnique, se prêteront volontiers à rendre au pays un service de plus en contribuant à lui garantir des instituteurs qui puissent donner aux générations naissantes tout ce que la loi leur promet.

Du reste, toutes les précautions sont prises pour que les examens soient sérieux et produisent tous leurs fruits. Publicité, formules claires et précises, procès-verbaux rédigés à l'instant et signés de tous les juges, listes des candidats reçus, dressées d'après l'ordre de mérite, envoi de ces listes et des procès-verbaux au chef de l'académie, tout a été combiné pour qu'à l'avenir, et avec l'aide d'une administration vigilante, l'enfance n'ait que des maîtres vraiment capables de l'instruire.

Il me reste à vous parler des dispositions transitoires.

La loi du 28 juin a posé en principe que le chant ferait partie de l'instruction primaire supérieure. L'expérience a déjà prouvé, chez plusieurs peuples, la sagesse d'une telle disposition. Il est reconnu que dans les écoles populaires, non-seulement le chant est un délassement agréable à l'enfance, mais qu'il contribue à élever les ames, à adoucir les mœurs, et peut devenir, entre les mains d'un maître habile,

10.

un utile moyen d'éducation morale. Malheureusement, pendant quelque temps encore, l'application du principe posé par la loi ne saurait être très rigoureuse. Il a paru nécessaire d'accorder un délai que, dans certaines contrées, il sera peut-être possible d'abréger.

Les nouvelles commissions d'instruction primaire ne pourront, quelque diligence que vous mettiez dans vos recherches et dans les propositions que vous avez à me faire, être en activité aussitôt que le besoin du service le demanderait ; il faut donc continuer à profiter du dévouement des commissions actuelles pour l'examen des candidats et pour la délivrance des brevets. Seulement vous remarquerez, monsieur le recteur, que les anciennes commissions auxquelles vous aviez délégué le pouvoir de faire les examens, et qui peut-être n'étaient pas toutes composées d'un aussi grand nombre de personnes, devront être provisoirement complétées par vous et portées au nombre de sept membres, de telle sorte que quatre juges au moins procèdent aux examens.

Le réglement détermine, dans le cours ordinaire des choses deux époques principales pour ces examens ; mais s'il se présentait des cas urgents où il vous parût à propos de convoquer extraordinairement les commissions, vous pourriez le prescrire, et les aspirans seraient admis à subir les épreuves.

Recevez, monsieur le recteur, l'assurance de ma considération distinguée.

Le ministre de l'instruction publique.

RÉGLEMENT.

Sur les brevets de capacité et les commissions d'examen.

19 juillet 1833.

Le conseil royal de l'instruction publique,

Vu la loi du 28 juin 1833, art. 1, 4 et 25,

Sur le rapport du conseiller chargé de ce qui concerne les écoles primaires,

Arrête ce qui suit :

1. Il y aura deux sortes de brevets de capacité, les uns pour l'instruction primaire élémentaire, les autres pour l'instruction primaire supérieure.

Ces brevets seront délivrés après examen par les commissions d'instruction primaire, dans la forme qui sera ci-après déterminée.

2. Il y aura, dans chaque ville chef-lieu de département, une commission d'instruction primaire chargée d'examiner tous les aspirans aux brevets de capacité.

Cette commission sera renouvelée tous les trois ans. Les membres en seront indéfiniment rééligibles.

3. La commission d'instruction primaire sera composée de sept membres, dont trois seront nécessairement pris parmi les membres de l'instruction publique.

Ces membres seront :

Le recteur, ou un inspecteur par lui délégué, dans les villes où est le siége de l'académie, le proviseur ou le censeur et un professeur dans les villes où existe un collége royal, un ou deux fonctionnaires du collége communal dans les villes qui possèdent un établissement de cet ordre.

4. A moins de circonstances extraordinaires sur lesquelles

il sera prononcé par le recteur de l'académie , les commissions d'instruction primaire ne procéderont à l'examen des aspirans aux brevets de capacité que de six mois en six mois. Elles se rassembleront à cet effet dans les cinq premiers jours de mars et de septembre.

5. La présence de quatre membres au moins sera nécessaire pour les examens des aspirans aux brevets de capacité.

Dans tous les cas , le brevet ne pourra être délivré qu'à la majorité des voix.

6. Tout individu âgé de dix-huit ans accomplis pourra , en produisant son acte de naissance , se présenter devant une commission d'instruction primaire , pour subir l'examen de capacité.

Il sera seulement tenu de s'inscrire vingt-quatre heures d'avance au secrétariat de la commission.

7. Les examens auront lieu publiquement dans une salle dépendant d'un établissement public.

Ils seront annoncés quinze jours d'avance par un arrêté du recteur , qui sera publié et affiché.

8. L'aspirant au brevet de capacité pour l'instruction primaire élémentaire devra satisfaire aux questions qui lui seront faites d'après le programme suivant :

INSTRUCTION MORALE ET RELIGIEUSE. — *Catéchisme* , *Histoire sainte* (Ancien et Nouveau Testament).

LECTURE. — *Imprimés* , français et latins , *manuscrits* ou *cahiers lithographiés.*

ÉCRITURE. — *Bâtarde* , *ronde* , *cursive* (en lettres ordinaires et majuscules).

PROCÉDÉS pour l'enseignement de la lecture et de l'écriture.

ÉLÉMENS DE LA LANGUE FRANÇAISE. — *Grammaire*

(analyse grammaticale de phrases dictées) , *orthographe* (théorie, pratique).

ÉLÉMENS DE CALCUL. — *Théorie, pratique :* Numération, addition, soustraction, multiplication, division (appliquées aux nombres entiers et aux fractions décimales).

Système légal des poids et mesures ; conversion des anciennes mesures en nouvelles.

Premières notions de géographie et d'histoire.

9. L'aspirant au brevet de capacité pour l'instruction primaire supérieure devra satisfaire aux questions qui lui seront faites d'après le programme suivant :

1°. Tout ce qui est compris dans le programme pour l'instruction primaire élémentaire ;

Et en outre, pour l'instruction morale et religieuse, quelques développemens ;

Pour l'arithmétique, les proportions, les règles de trois et de société ;

2°. Notions de géométrie : angles, perpendiculaires, parallèles ; surfaces des triangles, des polygones, du cercle ; volumes des corps les plus simples ;

Dessin linéaire ;

Applications usuelles de la géométrie : arpentage, toisé, levée des plans ;

Notions des sciences physiques et de l'histoire naturelle applicables aux usages de la vie, et comprenant les définitions des machines les plus simples ;

Élémens de la géographie et de l'histoire générale, de la géographie et de l'histoire de France;

Notions de la sphère ;

CHANT : musique, plain-chant (théorie, pratique) ,

MÉTHODES D'ENSEIGNEMENT (simultané , mutuel).

10. Le procès-verbal de l'examen sera dressé, séance tenante, d'après un des modèles joints au présent réglement. Il sera signé de tous les examinateurs et du récipiendaire.

Un duplicata, revêtu des mêmes formalités, sera transmis au recteur de l'académie par le président de la commission, et restera déposé aux archives.

11. Un brevet conforme à l'un des modèles ci-joints sera immédiatement délivré au candidat qui en aura été jugé digne.

12. Le brevet de capacité sera signé par les examinateurs et par l'impétrant.

Mention de la délivrance du brevet sera faite à l'instant sur un registre spécial qui sera signé du président de la commission et de l'impétrant, et qui restera déposé au secrétariat de la commission.

13. Après chaque séance, les juges indiqueront leur jugement sur chacun des candidats reçus par un de ces termes : *très bien*, *bien*, *assez bien*.

A la fin de la session, la commission d'examen dressera, par ordre de mérite, la liste de tous les candidats reçus.

Cette liste sera envoyée au recteur pour être communiquée aux autorités.

14. Les inspecteurs généraux dans leurs tournées se feront représenter les procès-verbaux des examens de capacité et les listes des candidats reçus, et ils adresseront au ministre les observations auxquelles ces procès-verbaux et ces listes pourraient donner lieu.

15. Outre la commission qui sera formée au chef-lieu du département, et qui aura droit d'examiner tous les aspirans

aux brevets de capacité, il pourra être établi dans chaque arrondissement de sous-préfecture une commission d'instruction primaire à l'effet d'examiner les aspirans au brevet de
capacité pour l'instruction primaire élémentaire.

Cette commission sera composée de sept membres, et elle
se conformera à toutes les dispositions des art. 4, 5, 6, 7,
8, 10, 11 et 12 du présent réglement.

Dispositions transitoires.

16. Pendant trois ans le brevet de capacité pour l'instruction primaire supérieure pourra être accordé aux candidats
qui n'auraient pas satisfait à la partie de l'examen relative
au chant.

Mention expresse de cette circonstance sera faite sur le
brevet.

17. Les commissions actuelles d'examen continueront leurs
fonctions jusqu'à l'établissement des nouvelles commissions ;
elles se conformeront aux dispositions de la loi du 28 juin et
à celles du présent réglement en ce qui concerne les examens
et la délivrance des brevets.

Les commissions établies aux chefs-lieux des départements
pourront seules faire les examens et délivrer les brevets de
capacité pour l'instruction primaire supérieure.

La présence de quatre membres au moins sera nécessaire
pour tous les examens.

Le ministre de l'instruction publique,
grand-maître de l'Université,

Signé : GUIZOT.

Le conseiller exerçant les fonctions de secrétaire,

Signé : V. COUSIN.

Approuvé, conformément à l'article 21 de l'ordonnance royale du 26 mars 1829.

Le ministre de l'instruction publique,

Signé : GUIZOT.

STATUT

Sur les examens de capacité des instlutrices primaires.

LE CONSEIL,

Vu la loi du 28 juin 1833 sur l'instruction primaire;

Vu l'ordonnance du 23 juin 1836, concernant les écoles primaires de filles ;

Vu le statut du 19 juillet 1833, relatif aux examens de capacité des instituteurs,

ARRÈTE :

Art. 1er. Toute personne qui voudra obtenir le brevet de capacité nécessaire aux institutrices primaires, devra satisfaire aux questions qui lui seront adressées d'après les programmes suivants :

Pour le brevet de capacité du degré élémentaire.

Instruction morale et religieuse. — Catéchisme du diocèse et Histoire sainte (ancien et nouveau Testament).

Lecture. — Imprimés français et latins ; manuscrits ou cahiers litographiés.

Écriture. — Bàtarde et cursive, en lin et en gros.

Langue française. — Grammaire, orthographe.

Calcul. — Théorie et pratique; numération, addition, soustraction, multiplication et division appliquées aux nombres entiers et aux fractions ordinaires et décimales, système légal des poids et mesures.

Chant. — D'après le programme spécial arrèté par le Conseil royal.

Travaux d'aiguille et éléments du dessin linéaire.

Exposition des principes d'éducation et des diverses méthodes d'enseignement.

Pour le brevet de capacité du degré supérieur.

1º Tout ce qui est compris dans le programme pour le brevet du degré élémentaire ;

2º Exposition de la doctrine chrétienne ;

3º Notions plus étendues d'arithmétique, de langue et de littérature française ;

4º Éléments de l'histoire et de la géographie en général, et particulièrement de l'histoire et de la géographie de la France.

Art. 2. Si la postulante se propose d'enseigner une langue vivante ou la musique instrumentale, ou de donner des notions élémentaires de physique, et d'histoire naturelle ou de cosmographie, elle sera aussi interrogée sur ces divers points, et il sera fait mention particulière de cette partie de l'examen dans le certificat d'aptitude qui lui sera délivré.

Art. 3. Chaque postulante sera tenue de rédiger une composition sur un sujet donné et de répondre aux questions qui lui seront adressées sur le même sujet. Elle devra faire, en outre, une leçon orale d'une demi-heure sur une des parties du programme correspondant au degré du brevet qu'elle voudra obtenir.

Art. 4. La commission d'examen sera composée de cinq membres au moins ; elle sera nommée pour trois ans ; les membres en seront indéfiniment rééligibles. La présence de trois membres sera nécessaire pour la validité des examens de capacité du degré élémentaire, cinq membres au moins devront être réunis pour l'examen de capacité du degré supérieur. Dans tous les cas, le certificat d'aptitude ne pourra être délivré qu'à la majorité des voix.

Art. 5. Les commissions d'examens s'assembleront deux

11

fois par an; elles tiendront séance dans les dix premiers
jours de mars et d'août. Les examens seront annoncés 50
jours d'avance par un arrêté du recteur dûment publié et
affiché.

Art. 6. Le procès verbal de l'examen sera dressé, séance
tenante, d'après un des modèles joints au présent statut;
il sera signé par tous les examinateurs et par la récipiendaire. Un duplicata, revètu des mèmes formalités, sera
transmis au recteur par le président de la commission, et restera déposé aux archives.

Art. 7. Un certificat d'aptitude, conforme à l'un des
modèles joints au présent statut, sera immédiatement remis
à chacune des postulantes reçues. Le certificat sera également signé par les examinateurs et par la récipiendaire.
Celle-ci se pourvoira ensuite auprès du recteur pour la délivrance du brevet de capacité.

Art. 8. Après chaque séance de la commission d'examen,
les juges indiqueront leur jugement sur le degré d'instruction et d'aptitude de chaque postulante par un de ces termes : *très bien*, *bien*, *assez bien*. A la fin de la session,
ils dresseront la liste, par ordre de mérite des candidats reçus, et une copie de cette liste sera aussitôt envoyée au recteur et au préfet.

Art. 9. L'inspecteur primaire se fera représenter, chaque
année, les procès verbaux des examens de capacité, et consignera, dans un rapport spécial adressé au recteur de l'Académie, les observations auxquelles ces procès veibaux pourraient donner lieu.

Dispositions transitoires.

Art. 10. Pendant deux ans, le certificat d'aptitude et le

brevet de capacité pour l'instruction primaire élémentaire pourront être accordés aux postulantes qui n'auraient pas satisfait à la partie de l'examen relative au chant.

Mention de cette circonstance sera faite sur le certificat d'aptitude et sur le brevet de capacité.

Art. 11. Les anciennes institutrices qui désireront obtenir un brevet de capacité délivré conformément au présent statut, devront subir un nouvel examen dans les formes ci-dessus prescrites. (28 juin 1836)

— Les membres d'une commission d'examen peuvent être choisis indistinctement dans tout le département, et non pas seulement dans le chef-lieu, Le directeur de l'école normale et tout maître-adjoint attaché à l'école ne doit faire partie de la commission qu'autant qu'il y a nécessité absolue.

(Décision du 6 août 1833).

— Un ministre du culte catholique faisant partie de chaque commission d'examen, un ministre de chacun des autres cultes professés dans la circonscription de la commission, doit également y être appelé lorsque les populations qui ne professent pas la religion catholique sont assez considérables pour faire présumer qu'il se présentera, aux examens, des aspirants appartenant à l'un des autres cultes reconnus par l'État. Il est bien entendu que le nombre des membres des commissions dans lesquelles il serait nécessaire de faire entrer ainsi plusieurs ministres du culte, ne devrait pas être astreint à sept, comme le porte le réglement du **19** juillet 1833. Aux six membres pris en dehors des ministres

du culte, il faudra joindre autant d'ecclésiastiques qu'il y
aura de cultes différents professés dans la circonscription de
la commission.

(Circulaire du 31 juillet 1834).

— Les commissions d'examen doivent être présidées, autant que possible, par le recteur ou par un inspecteur d'a-
cadémie délégué. D'après les dispositions de l'article 6 du
statut du 27 février 1833, l'inspecteur de l'instruction
primaire fait nécessairement partie de la commission d'examen et y remplit les fonctions de secrétaire. Il doit, en
cette qualité, assister aux examens d'entrée et de sortie, et
de fin d'année de l'école normale. L'inspecteur primaire
doit prendre part aux travaux de la commission établie au
chef-lieu du département. Dans le cas où l'école normale
ne serait pas placée dans le chef-lieu, il devra coopérer de
préférence aux travaux de la commission devant laquelle seront appelés les élèves de cette école.

(Circulaire du 30 août 1835).

— Si un nombre suffisant de membres de la commission
d'instruction primaire ne se présentaient pas pour prendre
part aux travaux de cette commission, les recteurs ou inspecteurs d'académie, présidents, auraient à pourvoir provisoirement au remplacement des membres absents, en
ayant soin d'en rendre compte au ministre dans le plus bref
délai.

(Circulaire du 23 août 1834).

— Les épreuves devant la commission n'ont pour but
que de constater la capacité des candidats. Toute formalité
étrangère à cet objet doit être écartée. « Les candidats qui

se présentent à l'examen n'ont pas besoin de produire préalablement un certificat de bonnes vie et mœurs, la loi ne parlant d'un certificat de moralité que lorsqu'il est question de l'ouverture ou de la direction d'une école.

(Décision du 9 juillet 1834 et du 3 avril 1838).

— Rien n'empêche que l'examen pour le brevet élémentaire ne s'étende facultativement, à la demande du candidat, sur les objets que ce degré n'exige point absolument.

(Décision du 30 septembre 1833).

— L'examen doit toujours commencer par l'instruction morale et religieuse. L'instruction morale et religieuse doit être entendue dans le sens de la loi, qui ne reconnaît que les trois cultes catholique, protestant et israélite. Dès qu'un candidat déclarerait n'appartenir à aucun de ces cultes, on devrait cesser l'examen : ce candidat n'ayant pu satisfaire à une partie essentielle de l'examen, le brevet ne doit pas lui être accordé.

(Décision du 20 juin 1833).

— Les premières notions de géographie et d'histoire non mentionnées dans la loi du 28 juin 1833, en ce qui concerne l'instruction primaire élémentaire, sont obligatoires pour les candidats qui se présentent à l'examen de capacité du degré inférieur, attendu que ces notions peuvent être considérées comme faisant partie de l'instruction religieuse, qui suppose nécessairement quelques connaissances dans ce genre, et qu'elles sont exigées par l'autorité, que la loi fondamentale de l'Université charge de faire tous les réglements d'études, et qui a fait celui du 19 juillet 1833.

(Décision du 17 octobre 1834).

— La théorie des fractions ordinaires étant comprise dans l'enseignement primaire élémentaire doit nécessairement

faire partie des examens que subissent ceux qui se destinent à cet enseignement.

(Décision du 5 janvier 1836).

— Quand les commissions ont à examiner des candidats
qui, pour obtenir le brevet supérieur, doivent subir des
épreuves sur le chant, les commissions peuvent permettre
aux candidats qui manqueraient de voix d'y suppléer au
moyen de la musique instrumentale, sans préjudice de
l'examen théorique sur la matière.

(Décision du 15 mai 1838).

— En outre de ce qui est prescrit par le statut du 19
juillet 1833, relativement aux examens pour les brevets
de capacité, chaque candidat sera tenu de rédiger une
composition sur un sujet donné, et de faire une leçon orale
sur une des parties du programme correspondant au degré
du brevet qu'il voudra obtenir.

La commission d'examen fixera d'avance, à l'ouverture
de la session, le temps que devra durer chacun de ces exercices ; ce temps ne pourra excéder une demi-heure pour
la composition, et un quart-d'heure pour la leçon.

(Arrêté du 11 octobre 1836).

— Le brevet de capacité doit être délivré à tout individu, soit français, soit étranger, qui a subi l'examen
d'une manière satisfaisante.

(Décision du 12 novembre 1833).

— Le conseil royal ayant été informé que certaines commissions avaient délivré des brevets provisoires, a décidé
que, quoiqu'il ait paru nécessaire, dans les premiers temps
qui ont suivi la publication de la loi du 28 juin 1833, de
concéder aux comités la faculté d'accorder des autorisations

privisoires de tenir école, lorsqu'il ne se présenterait aucun
candidat remplissant toutes les conditions prescrites, on ne
saurait admettre des brevets de capacité provisoires, attendu que si la capacité a été reconnue, elle emporte le
droit de délivrance d'un brevet définitif, et que, dans le
cas contraire, il y aurait erreur et contradiction à la reconnaître même provisoirement.

(Décision du 10 octobre 1834).

— Les règles suivantes ont été prescrites, pour les cas
d'ajournement par une commission d'examen. 1. Le candidat qui, à la suite d'un examen, n'aura pas été admis,
ne pourra se présenter devant la même commission ou devant une autre, qu'après un intervalle de six mois 2. Tout
candidat qui se présentera devant une commission d'instruction primaire pour subir l'examen de capacité, sera tenu
de déclarer si c'est la première fois qu'il se présente à cette
épreuve ; et, dans le cas où il l'aurait déjà subie, de dire
à quelle époque et devant quelle commission. Sa déclaration
sera inscrite au procès-verbal et signée de lui. Dans le cas
de fausse déclaration de la part du candidat, le brevet qu'il
aurait obtenu sera considéré comme non avenu, et ne pourra
lui conférer aucun droit dans l'instruction primaire. 3. Lorsqu'une commission aura ajourné un candidat, elle en informera aussitôt le recteur, qui donnera avis de cet ajournement aux autres commissions existantes dans le ressort de
l'académie et aux recteurs des académies voisines. Chaque
recteur en instruira les commissions établies dans le ressort
académique.

(Arrêté du 4 novembre 1834.).

— Lorsqu'un instituteur primaire déclarera avoir égaré

le brevet de capacité qu'il avait obtenu d'une commission d'instruction primaire, il devra s'adresser au recteur de l'académie auquel ressortit cette commission, pour obtenir un duplicata de ce même brevet. Le duplicata devra être expédié comme le brevet originaire l'avait été, en vertu du procès-verbal d'examen dressé par la commission d'instruction primaire, ou en vertu du double de ce procès-verbal déposé aux archives de l'académie. Dans le premier cas, le duplicata devra être certifié conforme et par le président et par le secrétaire actuel de la commission d'examen; dans le second cas, le duplicata devra être certifié conforme et signé par le secrétaire de l'académie;

Dans tous les cas, le duplicata devra être visé par le recteur de l'académie.

Les noms de tous les examinateurs qui auront signé le procès-verbal d'examen devront être mentionnés sur le duplicata. L'impétrant devra apposer sa signature sur ladite pièce au moment où elle lui sera remise.

Un droit de 5 francs sera versé par l'impétrant à la caisse académique, qui le reversera dans le mois à la caisse d'épargne des instituteurs, établie au chef-lieu du département auquel appartient ledit impétrant.

(Décision du 13 janvier 1837).

— Les recteurs d'académie doivent légaliser, sur les brevets de capacité, les signatures des membres des commissions d'examen, afin que les brevets puissent servir aux candidats hors du ressort de la commission d'examen.

(Décision du 4 février 1834; — id. 30 août 1833).

— Il appartient aux commissions de décider si le brevet doit être accordé ou non. Le recteur n'a pas le droit de

contrôler les examens et le ministre celui de refuser ou
d'ajourner le brevet.

(Décision du 23 août 1833).

— Tout individu qui aspire au brevet de capacité pour
l'instruction primaire devra subir son examen devant la commission du département où il a son domicile. Il en sera de
même des personnes qui aspireront aux certificats d'aptitude
nécessaires aux institutrices.

Tout élève-maître d'une école normale primaire subira
l'examen de capacité devant la commission d'examen du
département où est située ladite école normale.

Toute disposition contraire est et demeure rapportée.

(Décision du 14 août 1838).

— Les aspirants au brevet élémentaire devront répondre
sur le dessin linéaire à compter du 1er octobre 1840.

Les aspirants de l'un et l'autre degré seront tenus de ré-
citer de mémoire les 25 articles qui composent la loi du 28
juin 1833.

(Décision du 8 juin 1839).

— Les étrangers restent admissibles à l'examen de capacité , et ils doivent comme les régnicoles , subir cet
examen devant la commission du département où ils
demeurent.

(Décision du 3 septembre 1839).

— Un instituteur doit faire preuve des anciennes et des
nouvelles mesures, conformément à l'arrêté du 18 juillet 1833.

(Décision du 11 avril 1840).

— La théorie des proportions et leur application aux règles de trois et de société doivent être exigées pour l'examen du brevet élémentaire.

(Décision du 14 avril 1840).

— Pour le degré supérieur des institutrices , les notions
de littérature ne doivent comprendre que quelques notions
d'analyse et de goût , des jugements très sommaires sur les
principaux auteurs qui ont le plus illustré la France dans le
dix-septième siècle surtout.

(Décision du 30 mai 1840).

— Un candidat quoique infirme (sourd , aveugle , etc),
peut être admis aux examens.

(Décision du 12 août 1840).

— L'examen des élèves d'une école normale appartient
à la commission du département qui envoie les élèves , soit
que cette école ait été établie dans le département même ,
soit qu'elle ait été réunie à celle d'un département voisin.

(Décision du 20 novembre 1840).

— La commission ne pourra pas délivrer un brevet du
degré élémentaire , sans avoir fait subir un examen spécial
correspondant à ce dernier brevet , à un candidat qui aura
échoué pour le degré supérieur.

(Décision du 9 mars 1842).

— Les membres des commissions de surveillance ont le
droit d'assister à tous les examens que font les commissions
d'instruction primaire et notamment lorsque les candidats
sont des élèves aspirant à l'école normale , ou passant d'une
année à l'autre , ou sortant de l'école. Dans tous les cas ,
les membres de la commission de surveillance ont voix
consultative.

(Décision du 9 mars 1842).

Écoles Primaires en général.

ÉCOLES COMMUNALES.

STATUT

SUR LES ÉCOLES PRIMAIRES ÉLÉMENTAIRES COMMUNALES.

EXTRAIT DU REGISTRE DES DÉLIBÉRATIONS DU CONREIL ROYAL DE L'INSTRUCTION PUBLIQUE.

Procès verbal de la Séance du 25 avril 1831.

Le Conseil royal de l'instruction publique,

Vu la loi du 28 juin 1833, relative à l'instruction primaire,

Sur le rapport du conseiller chargé de ce qui concerne les écoles primaires,

Arrête ce qui suit :

TITRE PREMIER.

Des Etudes.

1. Dans toute école primaire élémentaire, l'enseignement public comprendra nécessairement,

L'instruction morale et religieuse,

La lecture,

L'écriture,

Les éléments du calcul,

Et le système légal des poids et mesures,

Des notions de géographie et d'histoire, et surtout de la géographie et de l'histoire de la France, pourront en outre y être données aux élèves les plus avancés.

Le dessin linéaire et le chant pourront également y être enseignés.

2. Pour être admis dans une école élémentaire, il faudra être âgé de six ans au moins et de treize ans au plus. Toutefois, dans les communes où il n'existerait point de salles d'asile ou première école de l'enfance, le comité local pourra autoriser l'admission d'enfants âgés de moins de six ans. L'admission d'enfants âgé de plus de treize ans pourra de même être autorisée dans les communes où il n'y aurait point de classes d'adultes.

3. Toute école élémentaire sera partagée en trois divisions principales, à raison de l'âge des élèves et des objets d'enseignement dont ils seront occupés.

4. Dans toutes les divisions, l'instruction morale et religieuse tiendra le premier rang. Des prières commenceront et termineront toutes les classes. Des versets de l'Écriture sainte seront appris tous les jours. Tous les samedis, l'évangile du dimanche suivant sera récité. Les dimanches et fêtes conservées, les élèves seront conduits aux offices divins. Les livres de lecture courante, les exemples d'écriture, les discours et les exhortations de l'instituteur tendront constamment à faire pénétrer dans l'ame des élèves les sentiments et les principes qui sont la sauvegarde des bonnes mœurs, et qui sont propres à inspirer la crainte et l'amour de Dieu.

Lorsque les écoles seront fréquentées par des enfants appartenant à divers cultes reconnus par la loi, il sera pris des mesures particulières pour que tous les élèves puissent recevoir l'instruction religieuse que leurs parents voudront leur faire donner.

5. Les enfants de l'âge de six à huit ans formeront la première division. Indépendamment de lectures pieuses, faites à haute voix, ils seront particulièrement exercés à la récitation des prières. On leur enseignera en même temps la lecture, l'écriture et les premières notions du calcul verbal.

6. Les enfants de huit à dix ans formeront la deuxième division. L'instruction morale et religieuse consistera dans l'étude de l'Histoire sainte, Ancien et Nouveau-Testament Les enfants continueront les exercices de la lecture, de l'écriture et du calcul verbal. On leur enseignera le calcul par écrit et la grammaire française.

7. Une troisième division se composera des enfants de dix ans et au dessus jusqu'à leur sortie de l'école. Ils étudieront spécialement la doctrine chrétienne. Ils continueront les exercices de lecture, d'écriture, de calcul et de langue française; ils recevront en outre des notions élémentaires de géographie et d'histoire générale, et surtout de la géographie et de l'histoire de France. L'enseignement du chant et du dessin linéaire, lorsqu'il aura lieu, sera donné de préférence dans cette division.

8. Les diverses connaissances énumérées dans les précédents articles seront enseignées aux différentes divisions d'une manière graduelle, conformément au tableau ci-après :

INSTRUCTION MORALE ET RELIGIEUSE. — 1re *Division*, Prières et lectures pieuses ; 2me *Division*, Histoire sainte; 3me *Division*, Doctrine chrétienne.

12

LECTURE. — Cet exercice comprendra successivement l'alphabet et le syllabaire , la lecture courante , la lecture de manuscrits et du latin.

ÉCRITURE. — Cet exercice aura lieu successivement su l'ardoise , sur le tableau noir et sur [le papier, en fin e en gros , dans les trois genres d'écriture , bâtarde , rond et cursive.

CALCUL, — 1re *Division*, Calcul verbal ; 2me *Division* Numération écrite et les quatre premières règles de l'arithmétique ; 3me *Division* , Fractions ordinaires et fractions décimales. Système légal des poids et mesures.

LANGUE FRANÇAISE. — 1re *Division* , Prononciation correcte. Exercices de mémoire ; 2me *Division*, Grammair française. Dictées pour l'orthographe ; 3me *Division* . Règles de la syntaxe. Analyse grammaticale et logique. Compositions.

GÉOGRAPHIE ET HISTOIRE. — 3me *Division* , Géographie et histoire générales. Géographie et histoire de France.

DESSIN LINÉAIRE ET CHANT. — 3me *Division* , Dessin linéaire et chant.

9. Les livres dont l'usage aura été autorisé pour les écoles primaires seront seuls admis dans ces écoles.

Le maître veillera à ce que les élèves de la même division aient tous les mêmes livres.

10. Les deuxième et troisième divisions composeront une ois par semaine ; les places seront données dans le courant de la semaine , et les listes des places seront représentées chaque fois qu'un membre des comités ou un inspecteur viendra visiter l'école.

11. Dans toute division il y aura tous les jours , excepté

le dimanche et le jeudi , deux classes , de trois heures chacune ; le matin , de huit heures à onze heures ; le soir ,
d'une heure à quatre heures.

12. Il y aura , dans toute école , au moins un grand
tableau noir sur lequel les élèves s'exerceront à écrire , à
calculer ou à dessiner.

Sur une portion de mur appropriée à cet effet , ou sur
des tableaux mobiles , seront tracées les mesures usuelles ,
la table de multiplication , la carte de France, la topo-
graphie du canton.

13. Il y aura pour les écoles de chaque arrondissement
une répartition de leçons et d'exercices qui sera faite par
le comité supérieur et soumise à l'approbation du conseil
royal.

14. Tous les élèves seront tenus de suivre toutes les parties de l'enseignement de leurs divisions respectives.

15. Pour toutes les leçons d'instruction morale et religieuse, de langue française , d'arithmétique , de géographie et d'histoire , les élèves de la troisième division feront
des extraits qu'ils remettront à l'instituteur , et que celui-ci
communiquera au comité local.

16. Tous les samedis , les élèves réciteront ce qu'ils auront appris dans la semaine. Le maître se fera aider par un
certain nombre d'élèves qu'il aura désignés et qui feront
répéter chacun cinq ou six autres élèves.

17. Tous les mois l'instituteur remettra au comité local
un résumé sur l'état de l'instruction dans l'école pendant le
dernier mois.

18. Il y aura deux fois par an un examen général , en
présence des membres du comité local , auxquels le comité

d'arrondissement pourra adjoindre un de ses membres ou un délégué. A la suite de cet examen, il sera dressé une liste où les noms de tous les élèves seront inscrits par ordre de mérite et qui restera affichée dans la salle de l'école. Le jugement des examinateurs sur chaque école sera communiqué au comité d'arrondissement.

Ces mêmes examens serviront à déterminer quels sont ceux des élèves qui doivent passer dans une division supérieure et ceux qui doivent être retenus dans la même division.

Nul élève ne sera admis dans une division supérieure, s'il n'a prouvé, par le résultat d'un examen subi devant le comité local, qu'il possède suffisamment tout ce qui est enseigné dans la division inférieure.

19. D'après le résultat du second examen, qui aura lieu à la fin de chaque année scolaire, il sera dressé une liste particulière des élèves qui termineront leur cours d'études primaires ; et il sera délivré à chacun d'eux un certificat sur lequel le jugement des examinateurs, pour chaque objet d'enseignement, sera indiqué par l'un de ces mots : *très bien*, *bien*, *assez bien* ou *mal*.

TITRE II.

De la Discipline.

20. Nul élève ne sera admis, s'il ne justifie qu'il a eu la petite-vérole ou qu'il a été vacciné.

21. Les élèves admis recevront du président du comité communal une carte qui désignera l'école à laquelle ils appartiennent, et ils seront tenus de représenter cette carte en arrivant à l'école.

22. Le comité local veillera à ce que l'instituteur ne re-

çoive pas un plus grand nombre d'enfants que n'en comportent les dimensions de la salle d'école, à raison d'un carré d'environ huit décimètres de côté de chaque élève.

23. Le maître tiendra des listes journalières de présence qu'il déposera tous les mois au comité local, à l'appui du résumé qu'il est tenu de fournir aux termes de l'article 17.

24. Si un élève manque de se rendre à la classe, le maître en prendra note et il en donnera avis aux parents le plus tôt qu'il sera possible.

25. L'instituteur tiendra un registre où la conduite et le travail des élèves seront exactement notés, et qui sera communiqué au comité local, aux membres et aux délégués du comité d'arrondissement.

26. La table du maître sera placée sur une estrade assez élevée pour qu'il puisse voir facilement tous les élèves.

27. Les livres, les cahiers et les modèles qui resteront déposés à l'école, devront être mis en place, et les plumes ou les crayons taillés avant l'entrée des élèves.

28. Les récompenses seront un ou plusieurs bons points, un billet de satisfaction, une place au banc d'honneur, et et des prix à la fin de l'année, si la commune a alloué des fonds, ou s'il existe d'autres ressources pour cet objet.

29. Les élèves ne pourront jamais être frappés.

Les seules punitions dont l'emploi est autorisé sont les suivantes :

La réprimande ;

La restitution d'un ou plusieurs billets de satisfaction ;

La privation de tout ou partie des récréations avec une tâche extraordinaire ;

La mise à genoux pendant une partie de la classe ou de la récréation ;

L'obligation de porter un écriteau désignant la nature de la faute ;

Le renvoi provisoire de l'école.

30. Lorsque la présence d'un élève sera reconnue dangereuse, il pourra être exclu de l'école ou même de toutes les écoles du ressort du comité d'arrondissement.

L'exclusion de l'école ne pourra être prononcée que par le comité local, et l'élève ainsi exclu ne pourra être admis de nouveau que sur l'avis favorable de ce même comité.

Le comité d'arrondissement pourra seul prononcer l'exclusion de toutes les écoles de son ressort, et une nouvelle délibération dudit comité sera nécessaire pour que l'élève ainsi exclu puisse fréquenter de nouveau une de ces écoles.

31. Les classes auront lieu toute l'année, excepté les jours de congé et le temps des vacances.

Les jours de congé seront les dimanches, les jeudis et les fêtes conservées.

Le premier jour de l'an ;

Les jours de fêtes nationales ;

Le jour de la fête du roi ;

Les jeudi, vendredi et samedi saints ;

Les lundis de Pâques et de la Pentecôte.

Lorsque, dans la semaine, il se rencontrera un jour férié autre que le jeudi, le jeudi redeviendra un jour de travail ordinaire.

32. Les vacances seront réglées par chaque comité d'arrondissement pour toutes les écoles de son ressort ; il pourra les diviser en plusieurs parties pour les communes rurales, selon les principaux travaux de la campagne, mais sans que la totalité excède six semaines.

33. Les dispositions qui précèdent seront communes aux écoles de garçons et aux écoles de filles.

Les filles seront en outre exercées aux travaux de leur sexe.

34. Lorsqu'il n'existera pas d'écoles distinctes pour les enfants des deux sexes, le comité local prendra les mesures nécessaires pour qu'ils soient séparés dans tous les exercices, et pour éviter qu'ils entrent et sortent en même temps.

Le conseiller exerçant les fonctions de vice-président,

Signé : VILLEMAIN.

Le Conseiller exerçant les fonctions de secrétaire,

Signé : V. COUSIN.

Approuvé, conformément à l'article 21 de l'ordonnance royale du 26 mars 1829.

Le ministre de l'instruction publique,

Signé : GUIZOT.

OUVERTURE D'UNE ÉCOLE.

(*Voir les articles* 4 *et suivants de la loi, pag.* 2).

L'autorité ne peut empêcher l'établissement d'une école demandée par des pères de famille, le principe de libre concurrence n'admettant pas une telle prohibition.

(Décision du 13 décembre 1833).

Nulle école ne peut être réservée aux indigents, à l'exclusion des élèves non gratuits. La loi admet et appelle aux écoles primaires communales tous les enfants, les pauvres gratuitement, les riches moyennant une rétribution. Réduire les parents aisés à envoyer leurs enfants seulement aux écoles privées, en les excluant de l'école communale, ce serait attenter aux droits des pères de famille.

Il est possible et juste de faire admettre d'abord et par préférence, tous les enfants reconnus indigents; mais une fois cette condition remplie, on ne peut interdire l'entrée de l'école aux enfants aisés, sauf à éviter l'encombrement que l'autorité locale doit prévenir et empêcher dans tous les cas.

(Décision du 28 février 1834).

Une école ouverte dans un hospice, établissement public et communal, est par cela même une école publique et communale, et cette école doit être en conséquence ouverte à tous les enfants, riches et pauvres, sauf la gratuité pour les pauvres conformément à la loi. L'existence d'une telle école est une raison suffisante pour que la commune puisse le dispenser de créer une autre école communale.

(Décision du 13 décembre 1833).

L'école tenue dans le local d'une fabrique est aussi une école publique.

(Décision du 4 juillet 1834).

Dans le cas où il existe un ou plusieurs hameaux trop éloignés du centre de la commune, il y a lieu de stipuler vis-à-vis de l'instituteur communal, que cet instituteur, à certains jours de la semaine ou à certains mois de l'année devra se transporter dans lesdits hameaux pour y donner l'instruction primaire dans un local convenablement disposé à cet effet.

(Décision du 13 novembre 1833).

Les mesures repressives qu'autorise l'article 6 de la loi sont applicaques aux personnes qui réunissent habituellement des enfants de différentes familles pour leur enseigner l'étude de tout ou partie des objets compris dans l'enseignement primaire lors même que les familles *ne paieraient aucune rétribution*.

(Décision du 12 mai 1835).

On ne saurait interdire à un instituteur la faculté , commune à tout individu sachant lire et écrire , de rédiger des actes sous seing-privé.

(Décision du 26 juillet 1833).

L'instituteur communal a le droit de recevoir les élèves des communes voisines ; mais 1° les enfants de la commune , riches ou pauvres , doivent être admis de préférence ; 2° le conseil municipal a le droit d'exiger en outre qu'il ne soit pas admis un plus grand nombre d'enfants que le local n'en comporte.

(Décision du 27 décembre 1833).

L'instituteur qui cesse d'être instituteur communal et qui veut continuer d'exercer comme instituteur privé n'a pas besoin de nouveaux certificats ni de nouveau brevet ; il lui suffit de faire la déclaration prescrite par l'article 4 de la loi.

(Décision du 27 décembre 1833).

Un conseil municipal ne peut pas présenter un instituteur pour un temps limité : une pareille limitation de temps est contraire à la loi qui ne parle aucunement de fonctions temporaires et qui exige institution par le Ministre et installation avec serment ; ce qui , dans l'espèce , implique des fonctions inamovibles , sauf le cas où il y aurait faute et jugement.

(Décision du 7 janvier 1834).

Un comité supérieur ne peut pas imposer à un instituteur communal l'obligation de rester un certain nombre d'années dans une commune.

(Décision du 11 décembre 1835).

L'instituteur communal est en droit d'exiger l'assiduité à l'école tant des élèves payants que des élèves gratuits, tout élève doit se conformer à la méthode adoptée par l'instituteur.

Décision du 5 janvier 1838).

La commune doit fournir une salle proportionnée au nombre d'élèves que l'instituteur est tenu de recevoir, plus une ou deux chambres d'habitation, outre la cuisine; le tout convenablement disposé.

(Décision du 5 juin 1835).

Si le maire se refuse de délivrer le mandat de paiement dans un délai raisonnable, après l'expiration de chaque trimestre, l'instituteur devra s'adresser au préfet qui requerra le maire de faire son devoir et, en cas de refus, délivrera lui-même d'office le mandat en question.

(Décision du 6 juin 1838).

RÉVOCATION. — *Cas où un instituteur peut ou ne peut pas reprendre ses fonctions.*

Un individu inculpé de faux en écriture privée, mais à l'égard duquel le jury a admis des circonstances atténuantes, d'où il résulte que la peine correctionnelle de l'emprisonnement a été seule prononcée contre lui au lieu de la peine afflictive de la réclusion, se trouve dans un cas d'incapacité prévus par l'article 5 de la loi du 28 juin 1833. Le conseil royal a décidé le 27 avril 1842 que ladite condamnation établit une incapacité absolue de tenir une école communale ou privée.

Un individu condamné à trois mois d'emprisonnement pour banqueroute simple est dans le cas d'incapacité prévu par l'article 5 de la loi du 28 juin 1833. Il ne peut pas demander une réhabilitation, puisqu'elle ne peut avoir lieu que pour les condamnés à une peine afflictive ou infamante.

(Décision du 27 avril 1842).

L'instituteur communal révoqué seulement par le comité supérieur, peut être appelé plus tard soit à la direction de la même école, soit à un poste semblable dans une autre commune.

(Décision du 14 mai 1842).

SERVICE MILITAIRE. — La dispense du service militaire étant une faveur spéciale accordée aux membres de l'université, l'instituteur révoqué perdant par le fait cette qualité, doit être mis immédiatement à la disposition du ministre de la guerre.

(Décision du 14 mai 1842).

Tout instituteur communal qui est exempt du service militaire par son engagement décennal, ne peut contracter un mariage sans l'autorisation du ministre de la guerre.

CERTIFICAT DE MORALITÉ. — Lorsqu'un maire, sans alléguer de motifs, refuse le certificat de moralité mentionné à l'article 4 de la loi, le réclamant doit s'adresser au recteur, qui, de son côté, en informera le comité d'arrondissement pour obtenir les renseignements de la part du maire.

(Décision du septembre 1833).

Lorsque le maire se refuse à délivrer le certificat, on doit s'adresser à l'autorité qui, en cas d'abus de pouvoir, a un droit direct d'avertissement et de blâme, vis-à-vis du maire, c'est-à-dire au ministre de l'intérieur, pour obtenir la repression de l'abus du pouvoir ou du déni de justice.

(Décision du 4 décembre 1839).

Lorsque trois conseillers municipaux attestent la moralité de l'instituteur, le maire, s'il refuse le certificat, doit alléguer les motifs de son refus. S'il s'y refuse, le comité supérieur doit prendre des renseignements et si la moralité est suffisamment établie, il peut passer outre à la nomination de l'instituteur sur l'avis du comité local et sur la présentation du conseil municipal.

(Décision du 25 mars 1834).

Le certificat délivré hors de France n'est pas valable.

(Décision du 30 avril 1839).

Aucun certificat ne peut remplacer le certificat de moralité tel qu'il est exigé par la loi. Les trois années doivent s'entendre des trois dernières.

(Décision des 29 avril 1840 et 27 avril 1842).

L'attestation du maire est indispensable sur le certificat de moralité. (*Arrêt de la cour de cassation du* 1er *juillet* 1836).

(Décision du 11 octobre 1836).

Un homme qui a vécu dans une grande ville sans être connu du maire ni d'aucun des conseillers municipaux, doit présenter des répondants qui lui concilient le suffrage de trois conseillers municipaux et du maire de la commune;

sinon, attendre qu'il se soit fait connaître à l'autorité municipale.

(Décision du 7 février 1834).

Le certificat délivré à un frère par le supérieur général, ne peut remplacer celui que la loi exige.

(Décision du 30 janvier 1835).

Les militaires en congé définitif, pourvus de brevet de capacité pour l'instruction primaire, mais n'ayant pas eu de résidence notoire dans les communes de France durant les 3 dernières années, ne peuvent pas, à défaut de certificat de moralité que leur position ne leur permet pas d'obtenir de l'autorité municipale, produire, pour être autorisés à tenir école, des certificats qui leur auraient été délivrés par les conseils d'administration des corps dont ils ont fait partie.

Dans le cas dont il s'agit, il ne pourrait y avoir lieu qu'à des autorisations provisoires et il appartient aux conseillers municipaux et aux comités d'arrondissement de juger s'il convient aux premiers de présenter, aux seconds d'autoriser provisoirement les anciens militaires qui se trouvent dans les circonstances ci-dessus énoncées.

(Décision du 15 avril 1834).

Les frères des écoles chrétiennes quittant leur institut sont assimilés aux militaires en congé pour le certificat de moralité à produire, afin d'exercer les fonctions d'instituteur.

(Décision du 30 janvier 1835).

La loi n'a pas voulu laisser au maire seul à prononcer sur la moralité des candidats, puisqu'elle exige l'attestation de 3 conseillers municipaux; elle n'a certainement pas entendu réduire le maire à ne faire qu'enregistrer l'attestation des trois conseillers municipaux, mais elle n'a pas voulu non plus que le maire fût obligé de joindre à cette attestation son suffrage personnel quand il croirait devoir le refuser.

Dans le cas où trois conseillers municipaux attestent la moralité d'un candidat, il appartient au maire ou d'exprimer son propre suffrage d'une manière formelle, en même tems qu'il constate l'attestation des conseillers municipaux, ou de se borner à constater cette attestation, ou enfin, si sa conscience le lui commande, d'exprimer une opinion personnelle défavorable au candidat.

Il appartient au Conseil municipal de la commune où il s'agit de nommer un instituteur, et au comité d'arrondissement dont ressortit cette commune, d'examiner, le premier, s'il doit présenter, le second, s'il doit nommer le candidat auquel il a été délivré un certificat de moralité conçu d'une manière désavantageuse.

(Décision du 8 avril 1834).

Le maire n'a pas le droit de retenir le certificat délivré par divers conseillers municipaux à un candidat qui demande à exercer les fonctions d'instituteur primaire; mais il est loisible à ce magistrat de se borner à certifier la signature des dits conseillers ou même d'exprimer formellement sur le dit certificat son opinion personnelle contre l'instituteur.

(Décision du 8 août 1834).

L'interdiction prononcée à toujours ou à temps annule

les certificats de moralité antérieurement obtenus; mais dans le cas de l'interdiction à temps, l'instituteur peut obtenir à l'expiration de sa peine, de nouveaux certificats de moralité, qui pourront contenir, s'il y a lieu, tout ou partie du temps écoulé depuis la notification du jugement de l'interdiction.

Dans le cas où les conditions nécessaires pour les nouveaux certificats n'auraient pas été remplies, les autorités compétentes devraient les rejeter comme nuls et de nulle valeur.

(Décision du 18 novembre 1836).

Nomination, Présentation, etc. *Voir pages 96 et 97.*

Le Conseil municipal peut ne présenrer qu'un *seul candidat* pour une seule place. Si le comité supérieur ne croit pas devoir nommer le candidat présenté, le Conseil doit faire une autre présentation ; les communes populeuses doivent être invitées à présenter toujours plusieurs candidats.

(Décision du 12 novembre 1833).

Le Comité local peut ouvrir *un concours.* Le concours sera toujours ouvert devant trois ou quatre juges au moins, dont un sera nécessairement membre du comité d'arrondissement. Ce concours sera annoncé au moins 15 jours d'avance.. Le procès-verbal des opérations et des résultats du concours sera joint à l'avis motivé que doit donner le comité local.

(Décision du 29 octobre 1839).

Le Conseil municipal peut établir un concours, mais le Comité supérieur ne peut pas le contraindre d'y recourir, si le conseil veut s'en tenir à son droit de présentation.

(Décision du 5 septembre 1834).

Un Conseil municipal est libre de présenter au comité d'arrondissement, après concours, l'instituteur le moins capable ; mais alors il y aurait abus de pouvoir, et le comité supérieur aurait le droit de refuser le candidat présenté, s'il le jugeait incapable.

(Décision du 7 janvier 1834).

Un comité ne peut pas déclarer que tel candidat est incapable d'entrer dans l'instruction publique ; il peut seulement ne pas le nommer.

(Décision du 13 janvier 1835).

Le comité d'arrondissement a la faculté d'ajourner ou de refuser la nomination dans le cas où il n'aurait pas des renseignements suffisants, comme dans celui où il croirait ne pas devoir l'admettre, Il fera alors des observations au conseil municipal en lui donnant connaissance des motifs de l'ajournement ou du refus. Si malgré ces observations le conseil municipal persistait dans son premier choix sans donner au comité des explications suffisantes, celui-ci devrait en référer au ministre par l'intermédiaire du Recteur.

(Circ. m. du 9 octobre 1833 et D. du 26 mars 1834).

Pour la présentation d'un candidat par le conseil municipal, l'avis du comité local peut être donné avant ou après la provocation de la part du conseil municipal ; il suffit que ce dernier ne fasse pas sa présentation qu'accompagnée de l'avis du comité local.

(Décision du 25 février 1834).

Inamovibilité. Les instituteurs commuuaux sont inamovibles sauf jugement pour faute grave, négligence habituelle ou immoralité. Une commune qui se réunit à une commune voisine doit accepter l'instituteur qui y est en fonctions.

(Décision des 7 et 24 janvier 1834, 1 avril 1834, 14 avril 1835).

RÉVOCATION, INTERDICTION, INSTITUTION REFUSÉE, etc.

Le conseil royal décide que la médaille du Sr..... doit être retenue jusqu'à nouvel ordre pour cause d'ivrognerie.

(Décision du 11 mars 1834).

Le conseil royal refuse l'institution, malgré la nomination par le comité d'arrondissement, à un instituteur convaincu de mauvaise conduite.

(Décision du 11 mars 1834).

La révocation d'un instituteur communal ne peut dépendre que du comité supérieur; et, depuis le 28 juin un conseil municipal, n'a pas le droit de retirer à l'instituteur communal, soit le local, soit le traitement, avant que cet instituteur ait été jugé par le tribunal ou par le comité d'instruction primaire de son arrondissement, conformément à la loi.

(Décision du 2 septembre 1833).

La démission donnée par un instituteur prévenu d'une faute grave et cité à comparaître devant le comité, ne fait pas cesser la juridiction du comité, qui doit dans tous les cas poursuivre l'affaire et statuer ce que de droit.

(Décision du 30 septembre 1834).

Un instituteur communal, interdit temporairement de

ses fonctions, peut, comme l'instituteur privé, les reprendre à l'expiration de sa peine, sans avoir à remplir
aucune formalité nouvelle.

(Décision du 5 décembre 1834),

L'instituteur révoqué, soit pour négligence habituelle,
soit pour faute grave, doit aussitôt cesser tout enseignement dans l'école communale, du jour où la décision qui
le révoque lui a été notifiée, sauf au comité supérieur à
pourvoir à ce que les cours de la dite école ne soient pas
interrompus, et ce, par une autorisation provisoire donnée,
soit à un élève maître tiré de l'école normale ou de l'école
modèle la plus voisine, soit à un aide instituteur, soit à
tout autre individu reconnu capable.

Pendant tout le tems qui s'écoule jusqu'à ce qu'il y ait jugement définitif, l'instituteur révoqué doit, comme dans le
cas de suspension, continuer à jouir de son logement et de
son traitement, s'il n'en a pas été expressement privé par
la décision du comité.

Si le comité a décidé que l'instituteur révoqué cesserait
aussitôt de jouir du logement et du traitement, l'un et
l'autre de ces avantages demeurent à la disposition de l'autorité municipale, pour être alloués, s'il y a lieu, en tout
ou en partie, au maître remplaçant, conformément au dernier paragraphe de l'art. 23.

Dans tous les cas où l'instituteur révoqué fait connaître
qu'il entend se pourvoir contre la décision qui le révoque,
il ne peut être procédé ni à une présentation, ni à une nomination définitive d'un nouvel instituteur, jusqu'à ce que
le pourvoi ait été jugé.

(D. du 13 décembre 1834. 14 avril 1835).

Un instituteur qui adresse son pourvoi au ministre, doit
en donner avis au comité supérieur.

> (Décision du 26 août 1834).

Se pourvoir, c'est ou se plaindre d'un défaut de forme, ou
réclamer contre la décision.

> (Décision du 26 ju·l'et 1839).

L'interdiction à tems n'entraine pas la perte de la dispense
du service militaire.

> (Décision du 6 janvier 1835).

Les anciens instituteurs, exerçant régulièrement avant la
loi, n'ont pas besoin d'un nouveau brevet, ni d'une nouvelle nomination pour continuer à tenir leur école. Ils ne
peuvent être dépossédés, pour motif d'incapacité, qu'autant
qu'un rapport formel et spécial de l'inspecteur primaire,
après visite faite dans l'école même, aura constaté que les
élèves étaient ignorants et que cette ignorance doit être attri-
buée à l'instituteur.

> (Décision du 22 novembre 1839).

C'est à l'inspecteur primaire qu'il appartient de constater que les élèves ne sont pas instruits convenablement et
que leur ignorance provient soit du défaut d'aptitude du
maître, soit de sa négligence à perfectionner sa méthode
d'enseignement. Dans ce cas, c'est pour le comité d'arrondissement un droit et un devoir de lui faire l'application de
l'art. 23 de la loi.

> (Décision du 29 février 1840).

Un comité ne peut pas suspendre un instituteur pour
avoir manqué aux conférences.

> (Décision du — août 1840).

(*Voir page* 142).

Absences, congés et abandon des écoles, changement
de commune.

Les instituteurs communaux ne peuvent quitter mo-
mentanément leurs écoles qu'en vertu d'un congé délivré
par le recteur. L'instituteur doit pourvoir à son remplacement
à ses frais.

(Décision du 6 décembre 1833).

Une absence de 24 heures pourra être autorisée par le
maire président du comité local.

Une absence de huit jours au plus, par le président du
comité d'arrondissement, sur l'avis du maire.

Au delà de ce terme, le recteur seul pourra accorder
un congé.

(Décision du 21 janvier 1834).

L'engagement accepté forme un contrat que l'intituteur
doit exécuter, il peut seulement comme tout membre de
l'instruction publique demander un exeat au ministre conformément à l'art. 43 du décret du 17 mars 1808.

(Décision du 11 mars 1834).

L'instituteur qui a contracté un engagement décennal et
qui quitte son poste sans lettre d'exeat avant l'expiration
de son tems, est dans le cas d'être frappé de révocation par
décision du comité ou d'interdiction par jugement du tri-
qunal. S'il a occasionné des dépenses à l'école normale, il
peut être poursuivi en remboursement.

(E. du 2 mai 1834).

Pour changer de commune, l'instituteur public doit:
1° Obtenir un certificat de moralité de la commune qu'il
veut quitter; 2° être présenté par le conseil municipal de

celle où il désire entrer ; 3o être nommé par le comité d'arrondissement ; 4o être institué par le ministre. Il ne doit pas quitter la commune où il a été primitivement institué sans avoir obtenu une lettre d'exeat, conformément aux articles 42, 43, 44 du décret du 18 mars 1808.

(D du 13 février 1835.)

Un instituteur communal, Frère ou laïc, qui a quitté son poste sans lettre d'exeat ne peut être ni nommé, ni institué valablement dans aucune autre commune. Il ne doit même plus être institué.

(D. du 27 octobre 1835, 11 janvier 1837, 7 mars 1837, 3o juin 1838, 14 juin 1836).

Engagement décennal.

— L'engagement décennal doit être contracté, légalisé et envoyé au recteur, avec l'acte de naissance, dans le courant du mois de décembre qui précède l'année où l'appel doit avoir lieu. (*Circulaire du 9 juillet* 1831.)

Les engagements transmis après cette époque sont également reçus, pourvu que les dispositions suivantes aient été observées :

1o Le jeune homme qui veut se vouer à la carrière de l'enseignement doit toujours avoir souscrit avant l'époque fixée pour le tirage au sort, par ordonnance du roi, l'engagement prescrit au paragraphe 4 de l'article 14 de la loi du 21 mars 1832.

2o Cet engagement, visé par le recteur de l'académie, doit être transmis par lui de manière à ce qu'il soit parvenu au Conseil de l'Université avant ladite époque fixée pour le tirage.

3o Il n'est pas indispensable que la date de l'acceptation de l'engagement par le Conseil royal de l'instruction publique soit d'une date antérieure à l'époque fixée par l'ordonnance royale pour le tirage au sort ; il suffit au contraire que cette acceptation ait été consentie à une époque antérieure au jour où le conseil de révision est apaelé à prendre une décision définitive sur le jeune homme qui réclame la dispense en vertu du 4e paragraphe de l'article 14 de la loi précitée.

4o La pièce portant acceptation de l'engagement, délivrée par le Conseil royal, devra constater que l'engagement lui a été présenté antérieurement à l'époque fixée pour le tirage au sort ;

5o La dispense ne sera point accordée aux jeunes gens qui ne justifieront pas de leurs droits comme il est prescrit aux articles ci-dessus, ou qui ne les feront pas valoir en temps opportun, c'est-à-dire qui ne produiront pas les pièces exigées au conseil de révision avant le jour où le conseil est appelé à prendre une décision. » (*Décision du* **18** *janvier* 1833.)

Si l'individu qui souscrit l'engagement est mineur, comme cela arrive presque toujours, il faut qu'il y soit autorisé par son père ou son tuteur. Il est nécessaire que les signatures portées sur l'engagement soient légalisées par le maire de la commune. Si les signataires habitent des communes différentes, le maire de chacune de ces communes légalise la signature de son administré, en apposant toujours le sceau officiel de la mairie. (*Circulaire du* **31** *octobre* 1825.)

Les instituteurs dispensés du service militaire devront adresser, tous les six mois, au sous-préfet, président du comité supérieur, un certificat du maire qui constate qu'ils sont en fonctions.

(C. M. du 1er février 1819).

Les instituteurs communaux seuls ont le droit de conntracter l'engagement décennal.

(Décision du 8 novembre 1833).

Un instituteur communal conserve ses droits à la dispense du service militaire quand il perd son titre par des circonstances indépendantes de sa volonté, s'il est constaté qu'il n'a point refusé volontairement les fonctions d'instituteur public et s'il reste à la disposition de l'Université.

(Décision du 6 décembre 1833, et 19 décembre 1840).

Le brevet du 3me degré suffit pour rendre l'instituteur communal apte à contracter l'engagement décennal.

(Décision du 5 septembre 1834).

Un élève-maître appelé par des fabricants pour diriger une école dans une fabrique, est instituteur privé et ne peut pas contracter l'engagement décennal.

(Décision du 6 novembre 1835).

Nul sous-maître n'est admis à participer à la dispense du service militaire, s'il ne remplit toutes les conditions imposées par la loi. Les Frères, autres que le directeur, sont sous-maîtres.

(Décision du 27 février 1835).

Modèle de l'engagement décennal qui doit être contracté par les instituteurs, pour obtenir la dispense du service militaire.

Je soussigné   né à   , département de   , le   , instituteur primaire communal de la commune de   , canton d département d   , pourvu d'un brevet de capacité du   degré, en date du   , nommé par le comité supérieur, le   , institué le   , installé le   atteint par la loi sur le recrutement de l'armée pour la classe de   , promets, conformément à ladite loi, de me vouer pendant dix ans au service de l'instruction publique.

          A   *le*   184
                    (Signature de l'instituteur).

Vu pour légalisation de la signature cidessus.
                    (Signature du maire).

Je soussigné (*père* ou *tuteur*) consens à ce que mon (*fils* ou *pupille*) se voue pour dix ans au service de l'instruction publique.

          A   *le*   184
                    (Signature du père ou tuteur).

Vu pour légalisation de la signature ci-dessus.
          A   *le*   184
          (Signature du maire de la commune où réside le père ou tuteur).

Vu pour légalisation.
          A   *le*   184

(Le préfet ou sous-préfet de l'arrondissement dans lequel exerce l'instituteur).

ADMISSION DES ÉLÈVES.

Il suffit de la résidence de fait d'un enfant indigent dans une commune pour qu'il soit admis gratuitement à l'école de cette commune.

(Décision du 12 novembre 1833).

Les comités doivent tenir la main à l'exécution rigoureuse de la non admission dans les écoles d'enfants au-dessous de 6 ans. Les exceptions doivent être rares et dûment autorisées.

(Décision du 12 août 1840).

Dans les communes qui n'ont qu'une école , les garçons et les filles peuvent être admis simultanément à l'école , avec les précautions nécessaires (cloison d'un mètre au moins).

(Décision du 13 août 1833).

Un instituteur communal n'a pas besoin d'une autorisation pour réunir les deux sexes.

(Décision du 17 mai 1839).

Un instituteur communal a le droit et le devoir de recevoir les enfants des deux sexes lorsqu'il est seul dans une commune. Le comité doit alors prendre les précautions nécessaires.

2° L'existence d'une institutrice privée ne peut empêcher l'instituteur communal de recevoir les deux sexes.

3° Lorsqu'un instituteur communal reçoit des filles pauvres , rien n'empêche qu'il ne reçoive les filles aisées.

4°. L'établissement d'une institutrice communale entraîne la séparation des deux sexes.

(Décision du 13 décembre 1833).

L'existence même d'un instituteur communal et d'une

institutrice communale n'empêche pas qu'un instituteur ait le droit de réunir les deux sexes ; mais il doit y avoir une séparation matérielle et permanente. L'ordonnance du 16 juillet 1833 impose au maire de la commune l'obligation formelle de s'assurer de cette parfaite convenance de l'école communale. Dans une école privée, si les précautions nécessaires avaient été négligées, ou si, malgré ces précautions il arrivait quelques abus ou désordres, ce serait pour le comité d'arrondissement et pour le ministère public une cause légitime de poursuite conformément à l'article 7.

(Décision du 8 janvier 1836).

Dans les lieux où il existera des écoles communales distinctes pour les enfants des deux sexes, il ne sera permis à aucun instituteur de recevoir des filles et à aucune institutrice d'admettre des garçons.

(Article 12 de l'ordonnance royale du 23 juin 1836).

La réunion des enfants des deux sexes dans la même école est interdite dans les lieux où il existera des écoles communales distinctes pour les garçons et pour les filles. Elle est tolérée dans les communes où il ne restera établi qu'une seule école communale. Je vous prie de recommander aux comités et aux inspecteurs des écoles de veiller attentivement à l'accomplissement de ces prescriptions, auxquelles doivent se conformer les instituteurs privés comme les instituteurs communaux. Dans les communes où des écoles spéciales pour chaque sexe ne pourront être formées, il doit être pris des mesures pour que les heures d'entrée et de sortie des garçons et des filles ne soient pas les mêmes ; pour que les enfants des deux sexes, s'ils sont reçus dans la même salle, soient cependant séparés ; enfin pour que, si les localités le permettent, il y ait une entrée distincte pour les garçons et une pour les filles.

(Circulaire du 13 août 1836).

Une école privée de filles régulièrement établie et surveil- lée est réputée offrir les garanties nécessaires ; son exis- tence suffit pour ôter à tout instituteur le droit d'admettre des filles concurremment avec les garçons.

(Décision du 26 août 1836).

La loi veut que les enfants non indigents payent la rétri- bution mensuelle, et l'absolue gratuité de l'école ne pour- rait avoir lieu qu'autant qu'il serait fait à l'instituteur un traitement au moins équivalent au traitement fixe, plus au traitement éventuel.

(D. du 6 septembre et 6 décembre 1833).

MM. les maires doivent veiller à ce que les enfants trou- vés soient admis gratuitement à l'école.

(Circ. m. du 6 novembre 1835).

On ne peut pas exiger d'un enfant qui se présente à l'école communale quelque instruction préalable.

(Décision du 17 novembre 1835).

Age d'admission. (*Voir page* 132). — Statut sur les écoles. (*Idem*). — Renvoi de l'école. (*Voir page* 138).

Un instituteur ne peut se dispenser de recevoir tout élève dont l'admission a été régulièrement prononcée par le comité. Mais de semblables décisions soit du comité local, soit du comité d'arrondissement sont toujours soumises à l'appré- ciation de l'autorité supérieure ; et le Recteur de l'académie à qui les plaintes contre les élèves doivent toujours être adres- sées (art. 91 du décret de 1811) a incontestablement le droit de réformer la décision du comité.

BREVETS DE CAPACITÉ.

(Voir page 123 *et suivantes).*

Les anciens brevets conservent leur valeur.

(Décision du 19 juillet 1833).

Un chef d'établissement secondaire ne peut pas diriger une école primaire sans être muni d'un brevet correspondant au degré de l'école.

(Décision du 15 octobre 1833).

L'ancien brevet du premier degré n'équivaut pas au brevet actuel du degré supérieur.

(Décision du 5 novembre et du 31 décembre 1833).

Le brevet de capacité doit être délivré à tout individu soit Français soit étranger qui a subi l'examen d'une manière satisfaisante. Les étrangers non naturalisés Français peuvent être instituteurs privés.

(Décision du 12 novembre 1833).

Le grade de bachelier ès-lettres ne dispense pas du brevet,

*(*Décision du 13 décembre 1833).

Tout autre titre ne dispense pas l'instituteur de se pourvoir d'un brevet de capacité.

(Décision du 14 février 1834).

Deux *Frères* qui tiennent deux classes dans des locaux séparés , ont deux écoles et doivent avoir chacun un brevet.

(Décision du 1er juillet 1834).

Le brevet du troisième degré suffit pour rendre celui qui en est muni , apte à devenir instituteur communal.

(Décision du 5 septembre 1834).

Lorsqu'un instituteur déclarera avoir égaré son brevet il lui en sera délivré un duplicata. Il paiera 5 francs.

(Décision du 13 janvier 1837).

Tout instituteur, quel que soit le degré de son brevet, peut être autorisé à tenir un pensionnat.

(Décision du 16 septembre 1836).

Le brevet de capacité ne peut pas être délivré à un candidat qui déclare n'appartenir à aucun culte reconnu par la loi.

(Décision du 14 juillet 1837).

Refus du brevet, prononcé par le conseil royal, à un candidat qui avait déclaré ne pouvoir répondre sur le système légal, ni sur la conversion des anciennes mesures en nouvelles.

(Décision du 23 avril 1839).

Un instituteur muni de l'ancien brevet du troisième degré peut se présenter devant la commission d'examen pour obtenir un nouveau brevet; s'il échoue, son ancien titre lui restera et conservera sa valeur.

(Décision du 4 octobre 1839).

Le brevet de capacité, délivré avant la loi à un *Frère* sur le vu de sa lettre d'obédience, n'est plus valable lorsqu'il quitte l'institut.

(Décision du 4 octobre 1839).

FONCTIONS INCOMPATIBLES.

Les fonctions d'huissier et celles d'instituteur communal ne sont pas incompatibles, sauf à faire opter le candidat si celles d'huissier nuisaient à celles d'instituteur.

(Décision du 6 décembre 1833),

Un instituteur public ne peut pas être conseiller municipal parcequ'il est salarié par la commune.

(Article 18 de la loi du 22 mars 1831 sur l'organisation municipale).

(Décision du 20 mars 1835).

Un maire, ou un adjoint, peut être instituteur privé et non communal.

(D :du 5 juillet 1836.)

L'instituteur ne peut pas personnellement être en même temps buraliste et débitant de tabac ; mais rien n'empêche que sa femme ne tienne le bureau de tabac dans une dépendance dans la maison d'école , pourvu que les lieux soient disposés d'une manière convenable.

(Décision du 27 septembre 1837).

Il y a incompatibilité entre les fonctions de greffier d'une justice de paix et celles d'instituteur communal. (Loi du 24 vendémiaire an 2 , art. 4 : Les instituteurs salariés par la nation ne pourront cumuler avec ces fontions aucune autre fonction publique).

(Décision du 24 décembre 1839).

TRAITEMENT ET RÉTRIBUTION.

Le traitement fixe ne peut être réduit sous prétexte d'autres fonctions cumulées.

(Décisions des 12 novembre et 27 décembre 1833).

La rétribution mensuelle peut varier selon les localités.

(Décision du 27 décembre 1833).

Le conseil municipal a le droit de fixer la rétribution mensuelle et le nombre des indigents , sauf la vérification et l'approbation de l'autorité supérieure.

(Décision du 7 janvier 1834).

Un conseil municipal peut percevoir à son profit la rétribution mensuelle , lorsqu'il fait à l'instituteur un traitement fixe équivalant au minimum du traitement légal et au produit présumé de la rétribution mensuelle.

(Décision du 28 janvier 1834).

Le mode de perception de la rétribution mensuelle ne s'applique qu'aux instituteurs (M. janvier 1834) ; si la rétribution , même dans les écoles de filles , est perçue au profit de la commune , elle devient une recette municipale et dès-lors il est dans les attributions du receveur municipal de l'effectuer sur un rôle rendu exécutoire par le préfet comme sont les droits de dépaissance, les taxes d'affouage, etc.

(Décision du 27 août 1839).

La commune peut rendre l'enseignement entièrement gratuit en assurant à l'instituteur un traitement fixe qui équivalle à tout ce que la loi a voulu assurer à l'instituteur au moyen du minimum du traitement fixe et de l'éventuel.

(Décisions des 6 septembre et 6 décembre 1833).

Quand l'instituteur prend des arrangements avec les parents pour la rétribution mensuelle , l'action du percepteur est nulle.

(Décision du 28 février 1834).

Les conventions particulières avec les parents cessent à moins que l'instituteur ne les renouvelle expressément chaque année. Les parents non domiciliés dans le ressort de la perception, doivent y avoir un correspondant à qui le percepteur puisse s'adresser.

(Décision du 25 mars 1834).

On ne peut pas exiger la rétribution mensuelle pour toute l'année lorsque les enfants ne sont pas venus constamment à l'école.

(Décision du 14 mars 1834).

Mais elle est due pour le mois entier malgré les absences.
(Décisions des 16 mai 1834 et 5 janvier 1838).

La rétribution mensuelle est exigible, à partir du 1er janvier, telle qu'elle a été fixée dans la session de mai.
(Décision du 8 juillet 1834).

L'instituteur qui vient suivre les cours de l'école normale doit jouir de son traitement et de l'indemnité de logement.
(Décision du 10 décembre 1835).

Lors des réunions de commune, les conseils municipaux de chacune d'elles doivent s'entendre pour fixer le taux de la rétribution mensuelle qui peut être différent pour chaque commune.
(Décision du 6 février et 9 mai 1835).

La saisie-arrêt peut avoir lieu sur le cinquième des appointements pour les premiers mille francs, sur le quart, pour les 5,000 suivants, etc.
(Décisions des 9 janvier et 29 juin 1835).

Le traitement fixe d'un instituteur communal ne peut, sous aucun prétexte, être réduit au-dessous du minimum.
(Décision du 11 décembre 1835).

Le traitement fixe doit être le même lors des réunions de commune, que lorsqu'il s'agit d'une seule.
(Décision du 29 juin 1835)

C'est la commune et non l'instituteur qui doit supporter le léger accroissement de dépenses qui résultera des taxations des receveurs municipaux.
(Décision du 19 juin 1835).

La rétribution mensuelle peut être perçue au profit d'une

commune qui assure un traitement fixe suffisant à l'instituteur public. Dans ce cas cette rétribution doit être perçue
par le percepteur qui en fera le versement à la caisse municipale.

(Décision du 17 juin 1836).

Un comité d'arrondissement n'a pas le droit de prononcer
contre un instituteur, la privation de traitement pour plus
d'un mois, comme le prescrit la loi. Il n'a pas le droit non
plus de déterminer l'emploi de la retenue à exercer sur le
traitement de l'instituteur condamné.

(Décision du 11 mars 1840).

Si l'école est confiée pendant l'interim à un autre instituteur qui ait touché le traitement, l'instituteur, dont la
révocation est annulée, ne recouvre ses droits que pour l'a-
venir ; si l'école est demeurée vacante, l'instituteur, rétabli
dans ses fonctions, doit recouvrer son traitement pour le
temps écoulé depuis la révocation.

(Décision du 30 mars 1840).

La rétribution mensuelle appartenant à l'instituteur ne
peut lui être ôtée par une commune qu'en vertu d'un arran-
gement de gré à gré entre lui et le conseil municipal. L'instituteur peut s'entendre avec les parents pour recevoir
d'eux-mêmes soit la rétribution en espèces, soit la valeur
en denrées. L'instituteur n'est pas tenu de porter sur la
liste qu'il donne au receveur municipal, les noms des parents avec lesquels il a traité directement, n'ayant plus besoin de son ministère pour se faire payer.

(Décision du 27 avril 1842).

TIMBRE ET IMPOSITIONS.

Les quittances seront affranchies du timbre lorsque le traitement n'excèdera pas 300 francs.

(Décision du 21 octobre 1834).

Sont exemptes de timbre les quittances données aux payeurs pour versements , dans les caisses municipales , des sommes accordées soit sur les fonds du trésor , soit sur ceux des départements pour établissement d'écoles primaires et supplément de traitement aux instituteurs.

(Décision du M. des finances du 30 novembre 1833).

Les certificats des comités locaux à annexer aux mandats sont exempts du timbre.

(Décision du M. des finances du   1837).

Dans les maisons d'école , les portes et fenêtres des pièces occupées pour le logement personnel de l'instituteur sont soumises à l'impôt. — Les ouvertures des pièces servant aux élèves , comme classes , salles d'études , etc , n'y sont pas soumises ; — les salles affectées au service de la mairie , bien qu'attenant au logement de l'instituteur sont également exemptées de l'impôt , lorsque celui-ci n'en fait aucun usage pour son service particulier. — Enfin dans le cas où certaines pièces , bien que servant accidentellement à des réunions pour le service de la mairie , seraient le plus souvent occupées par l'instituteur , celui-ci doit en acquitter l'impôt des portes et fenêtres. — Ces dispositions s'appliquent à toute maison communale soit qu'elle appartienne à la commune , soit qu'elle ait été louée par elle pour le service de l'école , soit enfin que la location ait été faite directement par l'instituteur.

(D. du M. des finances du 24 août 1839).

CLASSES D'ADULTES.

Le Conseil,

Vu la loi du 28 juin 1833, sur l'instruction primaire,

Vu les divers projets de règlement proposés pour la direction et la surveillance des classes d'adultes ;

ARRÊTE :

§ 1er. De l'établissement des classes d'adultes.

Art. 1er. Tout instituteur primaire, ou tout autre personne munie d'un brevet de capacité et d'un certificat de moralité, est apte à tenir une classe d'adultes, moyennant l'autorisation préalable du Recteur de l'Académie; la demande de l'autorisation devra être appuyée, 1º d'un avis motivé du Comité local ; 2º d'une délibération du Comité d'arrondissement ; 3º d'un plan du local, visé et certifié par le Maire de la commune ; 4º d'un programme des leçons qui seront données dans ladite classe.

Art. 2. Tous les trois mois, le Recteur adressera au Ministre de l'Instruction publique un tableau des autorisations qu'il aura délivrées.

§ II. De l'enseignement et de la discipline dans les classes d'adultes.

Art. 3. L'instruction, dans les classes d'adultes, ne pourra porter que sur les matières comprises dans les 2e et et 3e § de l'article 1er de la loi sur l'instruction primaire, ou sur les développements industriels qui auront été autorisés conformément au 4e paragraphe dudit article, selon les besoins et les ressources des localités.

Ar. 4. Chaque Comité local déterminera les jours de travail et de vacances, et les heures d'entrée et de sortie.

Art. 5. L'âge d'admission dans les classes d'adultes est

fixé à 15 ans, au moins, pour les garçons, et 12 ans, au moins, pour les filles ; chaque Comité local sera juge des exceptions qui pourront être faites à cette règle.

Art. 6. Il ne sera permis, sous aucun prétexte, de réunir dans une même classe des adultes des deux sexes.

Art. 7. Le maître tiendra un registre d'inscription des élèves qui suivront la classe, d'après un modèle qui lui sera remis par le Comité d'arrondissement·

Art. 8. Chaque Comité local dressera un projet de règlement d'études et de discipline, qui sera soumis à l'examen du comité d'arrondissement, et à l'approbation du Recteur, en conseil académique. [25 mars 1836].

CIRCULAIRE DU MINISTRE.

INSTRUCTIONS SUR LES CLASSES D'ADULTES.

Paris, le 16 juin 1836.

Monsieur le Préfet,

Je vous ai adressé, il y a peu de temps, les instructions délibérées en conseil royal, concernant les salles d'asile. Après avoir statué sur les établissements destinés à pourvoir aux besoins intellectuels et moraux de la première enfance, il importe de s'occuper de ces autres établissements où des jeunes gens, et même des hommes d'un âge plus avancé, viennent réparer le défaut absolu de toute instruction primaire, perfectionner des notions trop imparfaites, ou acquérir des connaissances spéciales, nécessaires pour l'exercice de leurs professions.

C'est sous ces divers points de vue que les classes d'adul-

tes ont été envisagées dans le règlement que j'ai approuvé
et que je vous transmets aujourd'hui.

Il se compose de deux paragraphes.

Dans le premier sont indiquées les conditions à remplir
pour être apte à tenir cette sorte d'écoles.

La capacité et la moralité sont des garanties nécessaires
que doit présenter quiconque aspire à donner un enseignement public. Elles seront constatées, pour les directeurs
ou les directrices de classes d'adultes, dans les formes in-
stituées par la loi du 28 juin 1833 pour les instituteurs primaires. Il est du reste évident que les preuves devront être
considérées comme faites sur ces deux points, lorsque ce
seront des instituteurs ou des institutrices en exercice qu
se proposeront de tenir ces établissements.

Pour l'autorisation, il suffira que le recteur de chaque
académie, éclairé par les avis des comités, par le plan du
local et par le programme des leçons, donne son assenti-
ment à l'ouverture de la classe d'adultes. On a voulu, en
le bornant à ces formalités, favoriser la multiplication de
ses classes dont le besoin se fait sentir de plus en plus à .
mesure que les lumières se propagent et que l'industrie et
le travail se déploient avec une plus grande énergie. Je
serai tenu au courant de ce mouvement de l'instruction pour
les adultes par un tableau sommaire, que le recteur m'enverra tous les trois mois.

Le second paragraphe a pour objet l'enseignement et la
discipline.

L'enseignement sera le même que celui qui a été déterminé par la loi du 28 juin pour l'instruction primaire ; il
s'étendra depuis les éléments de la lecture, que trop long-
temps encore beaucoup d'individus auront à apprendre dans

un âge déjà avancé, jusqu'aux développements profession-
nels qui seront réclamés par les besoins des diverses localités. Chaque comité dressera le programme des cours qui
devront être faits dans son ressort.

Quant à la discipline, le règlement s'est borné à prescrire
quelques mesures destinées à prévenir différents abus que
l'expérience avait signalés sur quelques points du royaume.
Ainsi, il convient que, sous aucun prétexte, les élèves
adultes, hommes et femmes, ne soient jamais réunis dans
le même local; que l'âge d'admission soit réglé d'après
celui où les enfants cessent ordinairement de fréquenter
les écoles primaires; que les élèves de l'école primaire
soient toujours séparés des élèves de la classe d'adultes. Si
d'autres mesures de discipline sont jugées convenables, il
appartiendra de même à chaque comité de les proposer à
l'autorité compétente.

Je vous engage, M. le....., à ne rien négliger pour mul-
tiplier ces écoles, car l'expérience atteste les importants
services qu'elles peuvent rendre. Nous en avons pour preuve
le succès des écoles d'adultes de Strasbourg, de Colmar,
de Mulhausen, de Valenciennes, de Lyon, de Nismes,
d'Avignon, de Nantes, de Versailles, et celui des nombreux établissements de ce genre, fondés dans la capitale,
dirigés, les uns par des frères de la doctrine chrétienne,
les autres, par une société d'anciens élèves de l'école polytechnique, qui se dévouent avec un zèle infatigable à l'intruction de la classe ouvrière.

Vous ne voudrez pas, Monsieur le....., rester en arrière
de ces bons exemples, et vous trouverez, j'aime à l'espérer,
dans les conseils généraux et dans les conseils municipaux,
l'assistance dont vous aurez besoin.

Recevez, Monsieur le....., etc.

PENSIONNATS PRIMAIRES.

Nul instituteur primaire ne peut recevoir d'élèves pensionnaires sans en avoir obtenu la permission du Conseil royal de l'instruction publique. Cette permission sera donnée après avoir consulté le recteur de l'académie, et à la charge par l'instituteur de se renfermer dans les limites qui lui assigne son brevet de capacité. (*Ordonnance du* 21 *avril* 1828 , *art.* 12.)

— Tout instituteur, quelque soit le degré de son brevet de capacité, peut être autorisé à tenir une pensionnat primaire, si d'ailleurs il en digne par ses qualités morales.

(Décision du 6 septembre 1836).

— Les formalités à remplir pour la tenue d'un pensionnat primaire sont ainsi indiquées par les circulaires du 29 septembre 1828 et du 22 décembre 1829.

1º L'instituteur doit adresser sa demande au comité d'instruction primaire du ressort ; il joindra à cette demande le plan esquissé, avec échelle, de la maison dans laquelle le pensionnat primaire doit être établi, et, s'il tient cette maison en location, une copie du bail en vertu duquel il l'occupe. Ces pièces doivent être visées et certifiées véritables par le maire de la commune.

Indépendamment de la production desdites pièces, le comité aura soin de s'assurer, soit par les inspecteurs gratuits soit par les surveillants spéciaux de l'école, si le local destiné au pensionnat est convenable sous le rapport des dortoirs, du réfectoire, des lieux d'aisance, des cours de récréation, et en général pour tout ce qui intéresse la discipline, les bonnes mœurs et la santé des élèves.

2 Le comité transmettra la demande au recteur, avec les pièces et renseignements ci-dessus mentionnés , en y joignant son avis et les observations dont il croira devoir l'accompagner.

3º Le recteur , en adressant le tout au ministre , fera connaître son opinion personnelle sur la proposition du comité, et indiquera si le postulant lui paraît avoir les qualités requises pour tenir et diriger un pensionnat.

La demande et tous les documents qui s'y rattachent seront ensuite soumis au Conseil royal de l'instruction publique , qui statuera ainsi qu'il appartiendra.

Les instituteurs primaires qui auront obtenu l'autorisation de recevoir des pensionnaires , devront avoir un registre coté et paraphé par le président du comité de l'instruction primaire , ou par un délégué du président , pris parmi les inspecteurs gratuits ou les surveillants spéciaux. Ils inscriront d'un côté les élèves externes , et de l'autre côté les élèves pensionnaires, en indiquant leurs noms et prénoms , l'époque de leur entrée et celle de leur sortie.

Le comité déterminera le nombre des pensionnaires que l'instituteur pourra admettre , à raison de l'étendue et de la disposition du local , et spécialement des dortoirs , où l'on ne perdra pas de vue que les lits doivent être éloignés l'un de l'autre au moins d'un mètre.

Les élèves que les instituteurs pourront recevoir comme pensionnaires ne paieront , non plus que les élèves externes, aucune rétribution à l'Université.

Lorsque les instituteurs primaires autorisés à recevoir des élèves pensionnaires désireront changer de domicile , ils ne pourront le faire qu'en vertu d'une permission expresse émanée du recteur , s'ils ne sortent pas de la commune , et du

Conseil royal s'ils veulent transporter leur établissement dans une autre commune. Dans l'un et l'autre cas, toutes les formalités prescrites pour ce qui concerne le local devront être de nouveau remplies.

(Décision du 30 août 1828).

Toutes ces dispositions d'ordre et de discipline doivent être exactement observées par les instituteurs. En cas d'infraction de leur part, l'autorisation de recevoir des pensionnaires peut leur être retirée.

L'ouverture d'un pensionnat sans autorisation doit être considérée comme une faute grave, laquelle peut entraîner la révocation de l'instituteur qui se la permettrait.

(Décision du 11 décembre 1835),

DÉCISIONS DIVERSES.

Nulle autre autorité que l'autorité universitaire n'est compétente pour l'enseignement dans les écoles primaires.

(Décision du 28 juin 1839)

On enseignera désormais exclusivement le calcul décimal et on ne s'occupera des anciennes mesures que pour démontrer leur conversion, en insistant sur la conversion des mesures de surface et de volume.

(Décision du 2 février et 14 avril 1838).

En aucune circonstance, sous aucun prétexte les anciennes mesures ne doivent être reproduites dans les livres ni dans les tableaux destinés aux écoles primaires.

STATUT RELATIF AUX CONFÉRENCES D'INSTITUTEURS.

Du 10 février 1837.

Le Conseil royal ,

Vu la loi du 28 juin 1833 sur l'instruction primaire,

Vu les statuts des 15 juillet 1833 , 26 avril 1834 et 27 février 1835 ;

Considérant que les conférences entre les instituteurs ont été reconnues favorables aux progrès et à l'amélioration de l'instruction primaire; que leurs utiles résultats ont été constatés par les rapports des inspecteurs spéciaux, et que plusieurs conseils généraux de département ont voté des fonds pour indemniser les instituteurs qui se rendent à ces conférences; qu'il convient d'encourager de pareilles réunions et aussi d'établir quelques règles qui en préviennent les abus;

Sur le rapport du conseiller chargé de ce qui concerne l'instruction primaire,

Arrête :

TITRE I.

DES CONFÉRENCES ET DE LEUR OBJET.

Art. 1er. Les instituteurs primaires d'un ou plusieurs cantons sont autorisés à se réunir, avec l'approbation de l'autorité locale et sous la haute surveillance du comité d'arrondissement, pour conférer entre eux sur les diverses matières de leur enseignement, sur les procédés et méthodes qu'ils emploient , sur les principes qui doivent diriger l'éducation des enfants et la conduite des maîtres.

Tout autre objet de discussion sera sévèrement banni de ces conférences.

2. La réunion ne perdra jamais de vue que l'instruction

morale et religieuse est un des principaux objets que la loi recommande aux instituteurs.

3. Le comité supérieur pourra indiquer aux différentes réunions, par l'organe de leurs présidents respectifs, les points sur lesquels l'attention des instituteurs devra être appelée de préférence.

4. Chaque instituteur pourra demander à rendre compte de ce qu'il aura lu depuis la dernière séance; à faire des ob - servations sur les ouvrages récemment publiés qui intéres- seront l'instruction primaire; à lire quelque composition qu'il aura faite concernant la discipline des écoles ou l'un des objets de l'enseignement primaire.

En toute occasion, les instituteurs s'attacheront avec le plus grand soin à exprimer nettement leurs idées avec sim- plicité et correction.

5. Les instituteurs communaux seront expressément in- vités à se rendre aux conférences. Tous auront droit d'y assister.

Les instituteurs privés pourront, sur leur demande, être autorisés par le président à assister auxdites conférences.

Pourront également y être admis, avec autorisation du président, les aspirants aux fonctions d'instituteurs qui au- raient obtenu leur brevet de capacité.

6. Tout membre délégué du comité supérieur, tout membre du comité local de la commune où se tiendra la conférence, comme aussi tout membre d'une commission d'examen ou de surveillance, aura droit, en justifiant de sa qualité, d'assister aux réunions d'instituteurs.

TITRE II.

DES EPOQUES ET DE LA POLICE DES CONFERENCES.

7. Les conférences auront lieu une fois par mois dans le semestre d'hiver, et deux fois par mois dans le semestre d'été.

Le jeudi leur sera spécialement affecté.

8. Le président sera toujours désigné par le recteur de l'académie.

9. Dans toute réunion; les instituteurs nommeront, à la majorité absolue des voix, un vice-président, un secrétaire, un caissier et un bibliothécaire, lesquels seront nommés pour un an et pourront être indéfiniment réélus.

10. Le président, ou, en son absence, le vice-président, réglera et indiquera l'ordre du jour pour la séance suivante. Il aura la police de l'assemblée, et personne ne pourra prendre la parole si le président ne la lui a donnée.

Le président correspondra, au nom de la réunion des instituteurs, avec le comité d'arrondissement, avec l'inspecteur spécial de l'instruction primaire, avec le recteur de l'académie.

11. Le secrétaire dressera procès-verbal de chaque séance, et tiendra un registre où les procès-verbaux seront exactement transcrits et signés du président et du secrétaire.

Chaque séance s'ouvrira par la lecture du procès-verbal de la séance précédente.

Un extrait sommaire des procès-verbaux sera adressé tous les trois mois au comité supérieur.

12. Tous les ans, au mois d'octobre, le recteur, d'après le rapport des divers comités supérieurs, adressera au ministre de l'instruction publique un tableau des instituteurs

qui auront fait preuve de zèle et d'assiduité relativement
aux conférences.

13. Dans le cas où des fonds auraient été alloués, soit par
le département, soit par les communes, pour indemnité
de déplacement en faveur des instituteurs communaux qui
suivront les conférences, ces indemnités seront délivrées,
de trois en trois mois, seulement à ceux des instituteurs
qui n'auront manqué à aucune des réunions du trimestre
sans un motif valable et duement justifié.

Il sera rendu compte au comité d'arrondissement des
absences et des motifs allégués par les absents.

14. Les menues dépenses de papier, cartons, plumes et
encre, seront acquittées soit sur les fonds que les communes ou le département auront alloués à cet effet, soit au
moyen d'une cotisation de la part des instituteurs.

15. Au moyen des mêmes ressources, ou de toute autre
qui proviendrait de donations, fondations ou legs, il sera
formé une bibliothèque à l'usage des instituteurs qui suivront exactement les conférences.

Les livres composant la bibliothèque seront inscrits sur
un catalogue qui sera vérifié chaque année. Un double de ce
catalogue sera envoyé au ministre de l'instruction publique.

Un réglement particulier déterminera sous quelles conditions et dans quels cas les livres devront être achetés et
pourront être prêtés.

16. Les conférences se tiendront dans la salle de l'école
communale du chef-lieu du canton ou dans toute autre salle
que l'autorité aurait mise pour cet usage à la disposition
des instituteurs.

17. S'il y a lieu à l'établissement de quelques cours ou
leçons dans lesdites conférences, ces cours ou leçons

seront confiés à des maîtres agréés par le recteur de l'académie, sur la proposition du président.

Le programme de chaque cours sera dressé par le maître chargé dudit cours, examiné par le comité d'arrondissement et soumis à l'approbation du conseil académique.

18. Dans les départements où il existe une école normale primaire, et pendant le temps que l'école normale consacrera à des cours spéciaux en faveur des instituteurs en exercice, l'assistance à ces cours pourra remplacer les conférences mentionnées dans le présent statut.

19. Le présent statut sera adressé à tous les recteurs, et transmis à tous les présidents des comités d'arrondissement. Il servira de règle genérale pour les conférences d'instituteurs, sauf les modifications ou additions qui pourront y être faites ; sur la proposition des divers comités d'arrondissement, d'après les convenances et les besoins des localités.

DES PENSIONS ET INSTITUTIONS.

L'ordonnance du 23 juin ne concerne que les écoles primaires de filles. Les établissements désignés sous le titre de *pensions* et *institutions*, et dont nous n'avons pas à nous occuper, puisqu'il sont considérés comme établissements d'instruction *secondaire*, en ce qui concerne l'éducation des filles, continuent d'être régis par l'ordonnance du 31 octobre 1821. Un réglement particulier, adopté pour ces établissements, sous la date du 7 mars 1837, reproduit quelques-unes des dispositions de l'ordonnance du 23 juin.

— On a demandé si une maîtresse de *pension* ou d'*institution* pouvait annexer à son établissement un *externat* primaire, sans être pourvue du brevet de capacité exigé des

institutrices primaires. Le Conseil royal , considérant à cet
égard , que l'enseignement qui se donne dans une *pension*
comprend naturellement plus que l'instruction primaire ,
mais qu'il comprend aussi l'instruction primaire , et qu'il la
comprend avec d'autant plus de raison que nulle disposition
de loi, l'ordonnance ou de réglement ne détermine à quel
âge on pourra admettre les enfants , soit comme internes ,
soit comme externes , dans ces sortes d'établissements ; que
rien n'empêche les maîtres même de pension de tenir une
classe d'externes primaires , qu'ils doivent seulement , à
moins d'une autorisation formelle qui les en dispense ,
payer la rétribution du vingtième , pour leurs élèves primaires, comme pour tous leurs autres élèves ; attendu que
cette rétribution du vingtième n'existe pas pour les maisons
d'éducation de filles , A décidé que la faculté de recevoir
des élèves primaires doit être, pour ces maisons , sans limite
et sans charge aucune. (*Décision du* 2 *juin* 1837.)

ARRÊTÉ DU CONSEIL ROYAL RELATIF AUX EXAMENS DE CAPACITÉ DES INSTITUTRICES PRIMAIRES.

Du 28 juin 1836.

Le Conseil royal de l'instruction publique ,

Sur le rapport de M. le conseiller chargé de ce qui concerne les écoles primaires ;

Vu la loi du 28 juin 1833, sur l'instruction primaire ; —
vu l'ordonnance royale du 23 juin 1836, concernant les
écoles primaires de filles ; — vu le statut du 19 juillet 1833 ,
relatif aux examens de capacité des instituteurs ,

Arrêté :

Art. 1er. Toute personne qui voudra obtenir le brevet de
capacité nécessaire aux institutrices primaires devra satis-

faire aux questions qui lui seront adressées d'après les programmes suivants :

POUR LE BREVET DE CAPACITÉ DU DEGRÉ ÉLÉMENTAIRE.

Instruction morale et religieuse — Catéchisme du diocèse et Histoire Sainte ; Ancien et Nouveau-Testament.

Lecture. — Imprimés français et latins ; manuscrits ou cahiers lithographiés.

Écriture. — Bâtarde et cursive, en fin et en gros,

Langue française. — Grammaire, orthographe.

Calcul — Théorie et pratique. Numération : addition, soustraction, multiplication et division, appliquées aux nombres entiers et aux fractions ordinaires et décimales. — Système légal des poids et mesures.

Chant. — D'après le programme spécial arrêté par le Conseil royal.

Travaux d'aiguille et éléments du dessin linéaire.

Exposition des principes d'éducation et des diverses méthodes d'enseignement.

POUR LE BREVET DE CAPACITÉ DU DEGRÉ SUPÉRIEUR.

1º Tout ce qui est compris dans le programme pour le brevet du degré élémentaire ;

2º. Exposition de la doctrine chrétienne ;

3º. Notions plus étendues d'arithmétique, de langue et de littérature françaises ;

4º Éléments de l'histoire et de la géographie en général, et particulièrement de l'histoire et de la géographie de la France.

2. Si la postulante se propose d'enseigner une langue vivante ou la musique instrumentale, ou de donner des no-

tions élémentaires de physique, d'histoire naturelle ou de cosmographie, elle sera aussi interrogée sur ces divers points, et il sera fait mention particulière de cette partie de l'examen dans le certificat d'aptitude qui lui sera délivré.

3. Chaque postulante sera tenue de rédiger une composition sur un sujet donné, et de répondre aux questions qui lui seront adressées sur le même sujet.

Elle devra faire, en outre, une leçon orale d'une demi-heure, sur une des parties du programme correspondant au degré du brevet qu'elle voudra obtenir.

4. La commission d'examen sera composée de cinq membres au moins; elle sera nommée pour trois ans; les membres en seront indéfiniment rééligibles.

La présence de trois membres sera nécessaire pour la validité des examens de capacité du degré élémentaire; cinq membres, au moins, devront être réunis pour l'examen de capacité du degré supérieur. Dans tous les cas, le certificat d'aptitude ne pourra être délivré qu'à la majorité des voix.

5. Les commissions d'examen s'assembleront deux fois par an; elles tiendront séance dans les dix premiers jours de mars et d'août. Les examens seront annoncés trente jours d'avance par un arrêté du recteur, dûment publié et affiché.

6. Le procès-verbal de l'examen sera dressé, séance tenante, d'après un des modèles joints au présent statut; il sera signé par tous les examinateurs et par la récipiendaire. Un duplicata revêtu des mêmes formalités sera transmis au recteur par le président de la commission, et restera déposé aux archives.

16

7. Un certificat d'aptitude , conforme à l'un des modèles joints au présent statut, sera immédiatement remis à chacune des postulantes reçues. Ce certificat sera également signé par les examinateurs et par la récipiendaire. Celle-ci se pourvoira ensuite auprès du recteur pour la délivrance du brevet de capacité.

8. Après chaque séance de la commission d'examen, les juges indiqueront leur jugement sur le degré d'instruction et d'aptitude de chaque postulante par un de ces termes , *très-bien , bien, assez bien*. A la fin de la session, ils dresseront la liste par ordre de mérite de tous les candidats reçus , et une copie de cette liste sera aussitôt envoyée au recteur et au préfet.

9. L'inspecteur primaire du département se fera représenter, chaque année, les procès-verbaux des examens de capacité , et consignera dans un rapport spécial , adressé au recteur de l'académie , les observations auxquelles ces procès-verbaux pourraient donner lieu.

Dispositions transitoires.

10. Pendant deux ans, le certificat d'aptitude et le brevet de capacité pour l'instruction primaire élémentaire pourront être accordés aux postulantes qui n'auraient pas satisfaits à la partie de l'examen relative au chant.

Mention de cette circonstance sera faite sur le certificat d'aptitude et sur le brevet de capacité.

11. Les anciennes institutrices qui désireront obtenir un brevet de capacité délivré conformément au présent statut

devront subir un nouvel examen dans les formes ci-dessus
prescrites.

Le conseiller vice-président,
VILLEMAIN.

Le conseiller exerçant les fonctions de secrétaires.
V. COUSIN.

Approuvé conformément à l'article 21 de l'ordonnance
royale du 26 mars 1829.

Le ministre de l'instruction publique.
PELET DE LA LOZÈRE.

INSTITUTRICES ET ÉCOLES DE FILLES.

Les comités ont inspection sur les écoles de filles en vertu
des ordonnances de 1816 et 1828.

(Décision du 24 décembre 1833.)

Toute école de sœurs qui reçoit des garçons est soumise
à l'inspection des comités.

(Décision du c. r. 1834.)

S'il existe une école de garçons elles ne doivent recevoir
que des filles. Les garçons agés de plus de 5 ans doivent suivre l'école communale.

(Décision du 21 janvier 1834.)

Les nouvelles obligations imposées aux communes par
la loi ne détruisent pas les engagements particuliers pris
par elles avec les institutrices.

(Décision du 13 mai 1834.)

Le mode de perception adopté pour les écoles de garçons
n'est pas autorisé pour celles de filles.

Les institutrices doivent fournir au Recteur l'état des
sous-maîtresses qu'elles emploient.

(Décision du 15 septembre 1836.)

Au Recteur seul appartient le droit d'autoriser les institutrices il peut refuser l'autorisation malgré l'avis des comités.

(Décision du 15 juillet 1836.)

Les écoles de dessin et d'anglais établies pour les filles, sont des écoles supérieures dans lesquelles il y a extension du prog amme.

(Décision du 23 septembre 1836.)

Les institutrices brevetées avant l'ordonnance n'ont pas besoin d'un nouveau titre. Lorsqu'elles sont communales le conseil municipal fixe la rétribution mensuelle.

(Décision du 23 février 1837.)

L'autorisation est non seulement pour une commune mais encore pour un local déterminé.

Une maîtresse de pension peut annexer à son établissement un externat primaire.

(Décision du 22 juin 1837)

L'ordonnance du 29 février 1816 prescrit absolument de séparer les deux sexes et cette ordonnance n'a jamais cessé d'être en vigueur, Les instituteurs qui refuseraient de s'y soumettre seraient par conséquent passibles des peines que l'ordonnance du 25 juin 1836 donne aux comités d'arrondissement le droit de leur infliger.

(Décision du 21 mai 1839.)

Lorsque le conseil municipal a fixé le taux de la rétribution mensuelle, si les parents ne la paient pas, la commune a action pour exiger ce payement.

(Décision du 5 avril 1842.)

CURES ET DESSERVANTS.

Le curé ne peut exercer les fonctions d'instituteur primaire que lorsque l'école appartient à plusieurs communes réunies ; alors il ne fera point partie du comité local ; ce sera son collégue d'un autre commune qui sera membre de ce comité.

(Décision du 8 novembre 1833.)

Dans le cas où il n'y aurait pas d'école communale, le curé ou desservant peut être admis provisoirement à tenir école pourvu qu'il remplisse les conditions prescrites par la loi.

(Décision de janvier 1834.)

Le desservant de la commune est membre du comité local.

(Décision du 11 mars 1834.)

Un curé peut donner l'instruction primaire à 2 ou 3 enfants : Il n'est pas censé tenir école. — S'il veut tenir une école primaire il doit remplir toutes les formalités prescrites par la loi.

(Décision du 20 mai 1834)

Il est impossible de tolérer, sous le titre de maîtrise ou de manécanterie, l'établissement d'une véritable école latine en dehors de la juridiction universitaire. Plusieurs arrêts de la cour de cassation ont statué en pareil cas, dans un sens entièrement conforme aux dispositions des décrets du 17 mars 1808; le nombre des enfants qui s'y trouvent réunis est rigoureusement restreint aux besoins du chœur ; et l'administration des élèves internes y est surtout interdite, de la manière la plus expresse. Mais la tolérance à cet égard

doit se borner à ce cas spécial et aucun établissement semblable ne peut s'ouvrir sans l'agrément de l'autorité universitaire.

(Décision du 29 septembre 1846.)

Dans une commune de **120** habitants le desservant a été
autorisé, sur la demande du conseil municipal et l'avis du
comité local, à diriger provisoirement l'école primaire communale pour laquelle aucun instituteur laïque ne s'était présenté et à jouir du traitement fixe affecté à ladite école.

(Décision du 15 octobre 1839)

ECOLES SUPÉRIEURES.

JURISPRUDENCE.

1o Toute école primaire supérieure doit avoir son chef
spécial muni du brevet.

2o Les maîtres adjoints ne sont point assujettis au brevet; mais ils doivent être agréées par le Recteur.

3o Une école supérieure annexée à un autre établissement est soumise à la surveillance des comités.

4o Annexée à une école normale elle doit avoir deux
sections l'une élémentaire, l'autre supérieure sous deux
maîtres distincts.

5o Nul élève n'y sera admis sans qu'un examen ait
constaté qu'il possède suffisamment l'instruction élémentaire.

6o Dans un établissement d'instruction secondaire, les
élèves de l'école supérieure doivent être dans un local
distinct.

7o Les fonds de l'état ne doivent contribuer que pour
les frais de premier établissement.

8º Les élèves d'une école secondaire élémentaire ou supérieure sont exempts de la rétribution universitaire.

9º Les élèves d'une école supérieure (internes ou externes), annexée à un établissement secondaire sont soumis à la rétribution.

L'organisation d'une école supérieure n'est pas de la compétence des Maires.

Le principal peut avoir la haute direction de l'école supérieure qui toutefois doit avoir un chef spécial. — Une école ne doit être reconnue supérieure que lorsque le minimum légal est assuré. Quoique le degré d'enseignement distingue essentiellement l'école supérieure.

(Décision du 6 décembre 1833).

L'admission dans une école supérieure ne peut pas avoir lieu avant l'âge de 10 ans.

(Décision du 20 février 1835).

Nul élève ne sera admis dans une division supérieure s'il n'a prouvé, par le résultat d'un examen subi devant le comité local qu'il possède suffisamment tout ce qui est enseigné dans la division inférieure. — Ainsi on ne doit admettre dans une école supérieure que les élèves qui ont déjà reçu l'intention élémentaire.

(Décision du 25 mai 1835).

On ne peut contraindre un élève de l'école élémentaire à passer dans l'école supérieure.

(Décision du 13 octobre 1836).

Le comité supérieur ou le comité local fait à la fin de chaque année l'examen des écoles élémentaires. Les élèves âgés de 12 ans au moins, qui auront été reconnus suffisamment instruits seront désignés comme pouvant entrer à l'école primaire supérieure. — Aucun élève ne peut-être contraint à passer dans cette dernière. Mais les élèves gratuits suffisamment instruits devront quitter l'école élémentaire, pour faire place à d'autres.

(Décision du 10 janvire 1837).

Une médaille en argent, une en bronze, deux mentions honorables par département.

(Décision du 9 février 1838).

Écoles supérieures à faire ouvrir dans les communes de 6,000 habitants.

(Décision du 28 Décembre 1838).

Un Instituteur breveté du degré supérieur peut avoir une classe supérieure et une classe élémentaire.

(Décision du 15 août 1840),

ÉCOLES ANNEXES D'ÉTABLISSEMENT SECONDAIRE.

Une école primaire annexe est soumise à la surveillance des comités ; si elle est supérieure elle doit avoir deux sections l'une élémentaire, l'autre supérieure, sous deux maîtres distincts les elèves doivent être dans un local séparé.

(Décision du 8 novembre 1833).

Le principal du collége ne peut avoir que la haute direction d'une école supérieure annexe ; mais cette école doit avoir son chef spécial, breveté nommé et institué conformément à la loi.

(Décision du 6 décembre 1833),

Les chefs d'établissement secondaire qui veulent ouvrir une école primaire supérieure doivent avoir un maître spécial ou être breveté.

(Décision du 13 janvier 1834)

Les écoles annexes sont communales quand l'Instituteur est subventionné.

(Décision du 14 mars 1835).

Lorsque le chef de l'établissement paie la rétribution universitaire pour ses élèves de Français, il n'est pas sous la juridiction du comité.

(Décision du 16 novembre 1835).

Les élèves d'une école supérieure annexe sont exempts de la retribution universitaire.

(Décision du 20 janvier 1836).

Un maître de pension peut être nommé Instituteur communal. Il doit demander chaque année l'autorisation. Si elle lui est refusée, il doit la retribution secondaire, il doit avoir deux locaux séparés.

(Décision du 26 mai 1836).

Des classes primaires peuvent être annexées, comme écoles privées, aux établissements secondaires ecclésiastiques aux mêmes conditions que les autres établissements secondaires.

(Décision du 12 septembre 1837).

Un chef d'établissement secondaire peut réunir une école primaire à son établissement, mais il ne doit y avoir aucune communication entre les enfants des deux divisions, pour chaque classe il faut une entrée et une sortie distinctes. Les deux divisions doivent avoir chacune un maître pourvu soit du brevet de maître de pension soit du brevet de capacité. L'un des deux maîtres peut avoir la haute direction.

(Décision du 12 septembre 1837).

Les recteurs ne devront plus proposer d'autorisations nouvelles de réunion. Les chefs d'établissement secondaires autorisés antérieurement continueront à l'être chaque année.

(Décision du 19 juin 1838).

Deux écoles distinctes l'une primaire l'autre secondaire, ayant chacune un maître particulier , ne peuvent exister dans un même bâtiment sans qu'il y ait séparation réelle et absolue entre les parties du local affectées à l'un et l'autre établissement. S'il en était autrement , la responsabilité pesant d'une manière vague sur les deux maîtres , serait par cela même illusoire.

(Décision du 18 mars 1840).

Le directeur d'une école annexe d'un établissement secondaire , ne peut être suspendu que par le Maire ; mais le recteur peut suspendre la délivrance de l'institution si elle n'a pas déjà eu lieu.

(Décision du 26 septembre 1840).

ÉCOLES DANS LES HOSPICES

ET DE RELIGIEUSES.

Un école ouverte dans un hospice doit être soumise à toutes les dispositions qui régissent les écoles primaires.

(Décision du 26 juillet 1833).

Une école annexée a un hospice dispense d'une autre école sous la condition qu'elle est ouverte à tous les enfants riches ou pauvres.

(Décision du 13 décembre 1833).

Les écoles primaires tenues par des sœurs sont sous la juridiction immédiate des Préfets ; mais les Préfets doivent prendre l'avis des comités actuels dans toutes les occasions où ils devaient consulter les anciens comités.

(Décision du 14 février 1834).

La surveillance de ces écoles appartient aux autorités administratives et ecclésiastiques.

(Décision du 8 avril 1834).

Il convient que les établissements de sœurs cloîtrées soient visités par les curés membres des comités.

(Décision du 28 mars 1835).

Une école primaire dans un hospice est soumise à la surveillance des comités.

(Décision du 27 février 1835).

Les écoles de religieuses sont soumises à l'inspection. Les comités feront bien de la confier aux ecclésiastiques, et à des dames Inspectrices.

(Décision du 13 juillet 1836).

L'article 3 de la loi du 24 mai 1835 concernant les congrégations religieuses de femmes et les établissemen's dépendant de ces congrégations doit recevoir son exécution lorsque des sœurs demandent à établir des écoles primaires : 1º L'information sur la convenance et les inconvenients de l'établissements, consentement de l'évèque, et avis du conseil municipal. 2º L'autorisation sera accordée par ordonnance royale.

(Décision du 25 janvier 1837).

L'autorisation de tenir un pensionnat, laquelle émane du Préfet seul ne peut avoir de force que pour le département et même pour une commune distincte du département.

(Décision du 29 février 1840).

Ordonnance du 22 décembre 1857 , sur les salles d'asile.

Louis-Philippe , roi des Français ,

Vu la loi du 28 juin 1833 sur l'instruction primaire , ensemble nos ordonnances des 19 juillet et 8 novembre de la même année, pour l'exécution de ladite loi ;

Vu notre ordonnance du 23 juin 1836 sur les écoles de filles.

Vu la délibération du Conseil royal de l'instruction publique.

Sur le rapport de notre ministre secrétaire détat au département de l'instruction publique :

Nous avons ordonné et ordonnons ce quisuit :

TITRE I.

Des salles d'asile en général.

Article 1. Les salles d'asile , ou écoles du premier âge , sont des établissements charitables , où les enfants des deux sexes peuvent être admis jusqu'à l'âge de six ans accomplis, pour recevoir les soins de surveillance maternelle et de première éducation que leur âge réclame.

Il y aura dans les salles d'asile des exercices qui comprendront nécessairement les premiers principes de l'instruction religieuse et les notions élémentaires de la lecture, de l'écriture , du calcul verbal. On pourra y joindre des chants instructifs et moraux , des travaux d'aiguille et tous les ouvrages de main.

2. Les salles d'asile sont ou publiques ou privées.

3. Les salles d'asile publiques sont celles que soutiennent en tout ou en partie les communes, les départements ou l'État.

4. Nulle salle d'asile ne sera considérée comme publique qu'autant qu'un logement et un traitement convenables auront été assurés à la personne chargée de tenir l'établissement, soit par des fondations, donations ou legs, soit par des délibérations du conseil général ou du conseil municipal dûment approuvées.

TITRE II.

De la direction des salles d'asile.

5. Les salles d'asile peuvent être dirigées par des hommes; toutefois une femme y est toujours préposée. Ces adjonctions sont permises dans des circonstances et des limites soigneusement déterminées. L'autorisation du recteur de l'académie sera nécessaire; elle ne sera donnée que sur une demande du comité local et sur l'avis du comité d'arrondissement, de l'inspecteur des écoles primaires et du curé ou pasteur du lieu.

6. Les directeurs et directrices de salles d'asile prennent le nom de surveillants et de surveillantes.

Les dispositions des articles 5, 6 et 7 de la loi du 28 juin 1833 sont applicables aux surveillants et surveillantes de salles d'asile.

7. A l'avenir, on ne pourra être surveillant ou surveillante de salles d'asile à moins d'être âgé de vingt-quatre ans accomplis. Sont exceptés de cette disposition la femme ou la fille, les fils, frères ou neveux du surveillant ou de la surveillante, lesquels pourront être employés, sous son autorité, à l'âge de dix-huit ans accomplis. Toute autre exception exige l'autorisation du recteur.

8. Tout candidat aux fonctions de surveillant et de sur-

17

veillante d'asile, outre les justifications de son âge, devra présenter les pièces suivantes :

1º Un certificat d'aptitude :

2º Un certificat de moralité ;

5º Une autorisation pour un lieu déterminé.

9. Le certificat d'aptitude est délivré conformément aux dispositions de la loi du 28 juin 1833, après les épreuves soutenues devant les commissions d'examen spécifiées au titre suivant.

Nul ne sera admis devant la commission d'examen, sans avoir produit, au préable, son acte de naissance et le certificat de moralité.

10. Les certificats de moralité constatent que l'impétrant ou l'impétrante est digne, par sa bonne conduite et sa bonne réputation, de se livrer à l'éducation de l'enfance.

Les certificats de moralité sont délivrés, conformément à l'article 6 de l'ordonnance du 23 juin 1836.

Le certificat donné dans la dernière résidence ne pourra avoir plus d'un mois de date.

11. Sur le vu et le dépôt de ces pièces, l'autorisation d'exercer dans un lieu déterminé est délivrée par le recteur de l'académie, en se conformant aux dispositions des articles 7 et 11 de l'ordonnance du 23 juin 1836.

12. Les pièces ci-dessus ne sont pas exigées pour l'autorisation, dans les cas prévus par l'article 13 de l'ordonnance du 23 juin 1836.

TITRE III.

Des commissions d'examen.

13. Il y aura, dans chaque département, une ou plusieurs commissions de mères de famille chargées d'exercer, en ce qui touche l'examen des candidats aux fonctions de surveillants ou de surveillantes d'asile, les attributions conférées par l'article 25 de la loi du 28 juin 1833 aux commissions d'examen pour l'instruction primaire.

Ces commissions délivreront les certificats d'aptitude prescrits par l'article 10 de la présente ordonnance.

Elles en prononceront le retrait dans les cas prévus par l'article 21.

14. Les commissions d'examen seront prises parmi les dames inspectrices dont il sera parlé au titre suivant. Leur nombre ne pourra être moindre de cinq. Le préfet les nomme.

Chaque commission sera placée sous la présidence d'un membre du conseil académique ou de la commission d'examen pour l'instruction primaire. Le président est à la nomination du recteur, ainsi que le secrétaire. A Paris, il prend séance dans la commission supérieure dont il est parlé ci-après.

15. Les commissions se réuniront à des époques déterminées par le recteur; elles recevront de lui les programmes d'examen et toutes les instructions nécessaires.

16. Il sera institué une commission supérieure d'examen pour les salles d'asile, chargée de rédiger, pour tout le royaume, le programme des examens d'aptitude, celui de la tenue des salles d'asile, des soins qui y seront donnés et des exercices qui y auront lieu.

Ces programmes seront soumis à notre Conseil royal de l'instruction publique, et devront être approuvés par notre ministre de l'instruction publique.

La commission supérieure des asiles donnera son avis sur les livres qui pourront être considérés comme particulièrement propres aux salles d'asile, entre ceux qui sont approuvés par notre Conseil royal pour l'instruction primaire. Dans aucune salle d'asile, à quelque titre et par quelques personnes qu'elle soit tenue, il ne pourra être fait usage de livres autres que ceux qui auront été ainsi déterminés.

La commission supérieure pourra également, sous l'autorité de notre ministre, préparer toutes les instructions propres à propager l'institution des salles d'asile, à assurer l'uniformité des méthodes et à fournir des directions pour le premier établissement des salles qui seront fondées soit par les particuliers, soit par les communes.

17. La commission supérieure des asiles est composée de dames faisant ou ayant fait partie des commissions d'examen. Elle est nommée par notre ministre de l'instruction publique, et placée sous la présidence d'un membre du Conseil royal de l'instruction publique qu'il désignera, ainsi que le secrétaire. La commission supérieure siége au chef-lieu de l'Université.

TITRE IV.

Des autorités préposées aux salles d'asile.

18. Les comités locaux, les comités d'arrondissement, et à Paris, le comité central exerceront, sur les salles d'asile, toutes les attributions de surveillance générale, de contrôle administratif et de pouvoir disciplinaire dont ils sont revêtus

par la loi sur l'instruction primaire, sauf les dérogations qui sont contenues aux articles 21 et 22 de la présente ordonnance.

19. Des dames inspectrices seront chargées de la visite habituelle et de l'inspection journalières des salles d'asile. Il y aura une dame inspectrice pour chaque établissement. Elles pourront se faire assister par des dames déléguées qu'elles choisiront ; elles feront connaître leur choix au maire, à la diligence de qui les comités en seront informés.

20. Les dames inspectrices seront nommées sur la présentation du maire, président du comité local, par le préfet qui a seul le droit de les révoquer. Les dames déléguées font partie, de droit, des listes de présentation.

21. Les dames inspectrices surveillent la direction des salles d'asile, en tout ce qui touche à la santé des enfants, à leurs dispositions morales, à leur éducation religieuse et aux traitements employés à leur égard.

Elles provoquent, près des commissions d'examen, le retrait des brevets d'aptitude de tout surveillant ou de toute surveillante d'asile dont les habitudes, les procédés et le caractère ne seraient pas conformes à l'esprit de l'institution. Les présidents des comités sont informés, au préalable, de la proposition des dames.

Les dames inspectrices pourront, en cas d'urgence, suspendre provisoirement les surveillants ou surveillantes, en rendant compte sur-le-champ de la suspension et de ses motifs au maire, qui en référera, dans les vingt-quatre heures, le comité local entendu, au président du comité d'arrondissement, et, à Paris, au président du comité central, qui maintient, abroge, limite sa suspension.

22. Dans tous les cas de négligence habituelle, d'inconduite ou d'incapacité notoires, et de fautes graves signalées par les dames inspectrices, le comité d'arrondissement, et, à Paris, le comité central, mandera l'inculpé et lui appliquera les peines de droit.

23. Les dames inspectrices seront chargées de l'emploi immédiat de toutes les offrandes destinées par les comités, par les conseils municipaux et départementaux, par l'administration centrale ou par les particuliers, aux salles d'asile de leur ressort, sauf, à l'égard des deniers publics, l'accomplissement de toutes les formalités prescrites pour la distribution de ces deniers.

24. Les dames inspectrices feront, au moins une fois par trimestre, et plus souvent, si les circonstances l'exigent, un rapport au comité local, qui en référera au comité d'arrondissement, et, à Paris, au comité central. Ce rapport comprendra tous les faits et toutes les observations propres à faire apprécier la direction matérielle et morale de chaque salle d'asile, et ses résultats de toute nature.

Ce rapport pourra contenir toutes les réclamations qu'elles croiraient devoir élever dans l'intérêt de la discipline, de la religion, de la salubrité, de la bonne administration de l'établissement confié à leurs soins. En cas d'urgence, elles adresseraient directement leurs réclamations aux autorités compétentes.

25. Les dames inspectrices, quand elles le jugeront utile, auront la faculté d'assister à la discussion de leurs rapports dans les comités ; elles y auront, en ce cas, voix délibérative.

26. Il pourra y avoir des dames inspectrices permanentes rétribuées sur les fonds départementaux ou communaux. Elles porteront le titre de *déléguées spéciales* pour les salles d'asile. Les déléguées spéciales seront nommées par le recteur, sur la présentation des comités d'arrondissement, et, à Paris, par notre ministre de l'instruction publique sur·la présentation du comité central ; elles pourront siéger avec voix délibérative dans les comités et dans les commissions d'examen.

27. Il y aura, près la commission supérieure, une inspectrice permanente rétribuée sur les fonds du ministère de l'instruction publique, laquelle portera le titre de *déléguée générale* pour les salles d'asile, et sera nommée par le ministre de l'instruction publique. Elle aura droit d'assister, avec voix délibérative, à toutes les séances de la commission supérieure et des autres commissions d'examen.

28. Les salles d'asile sont spécialement soumises à la surveillance des inspecteurs et des sous-inspecteurs de l'instruction primaire. Les inspecteurs d'académie devront les comprendre dans le cours de leurs tournées. '

29. Dans les cas prévus par les paragraphes 2 et 3 de l'article 21 et par l'article 22, les membres des comités exercent l'autorité spécifiée auxdits articles et dans les mêmes formes.

TITRE V.

Dispositions transitoires.

30. Les personnes qui dirigent actuellement des salles d'asile publiques ou privées, en vertu d'autorisations

régulièrement obtenues, pourront continuer à tenir leurs établissements, sans avoir besoin d'un nouveau titre, si, d'ici au 1er avril prochain, le retrait de leur autorisation n'a pas été provoqué et obtenu par les comités ou par les commissions d'examen.

Fait à Paris, le 22 décembre 1837.

LOUIS-PHILIPPE.

Par le roi :

Le ministre de l'instruction publique,

SALVANDY.

Réglement général concernant la tenue des salles d'asile, les soins qui doivent y être donnés aux enfants, et les exercices qui doivent y avoir lieu.

Du 24 avril 1838.

Le Conseil royal de l'instruction publique,

Sur le rapport de M. le conseiller chargé de l'instruction primaire,

Vu l'article 16 de l'ordonnance du 22 décembre 1837, par lequel la commission supérieure des salles d'asile est autorisée à proposer au Conseil royal de l'instruction publique le programme de la tenue des salles d'asile, des soins qui y seront donnés, et des exercices qui y auront lieu ;

Vu le projet de programme dressé par la commission supérieure, dans sa séance du 19 février 1828,

Arrête, ainsi qu'il suit, le réglement général des salles d'asile :

TITRE 1er.

DE LA TENUE DES SALLES D'ASILE.

§ 1er. *Du local.*

Art. 1er. Les salles d'exercices destinées à recevoir les enfants seront situées au rez-de-chaussée, planchéiées, ou carrelées, ou airées en asphalte ou en salpêtre battu, et éclairées des deux côtés par des fenêtres qui auront leur base à deux mètres au moins du sol, avec châssis mobile.

2. La forme de ces salles sera celle d'un rectangle ou carré long, d'au moins quatre mètres de largeur sur dix mètres de longueur, pour cinquante enfants; d'au moins six mètres de largeur sur douze mètres de longueur, pour cent enfants, et d'au moins huit mètres de largeur sur seize à vingt mètres de longueur, pour deux cents cinquante enfants.

Ce dernier nombre ne sera jamais dépassé.

3. A l'une des extrémités de la salle seront établies plusieurs rangées de gradins, au nombre de cinq au moins et de dix au plus, disposés de manière que tous les enfants puissent y être assis en même temps; il y sera pratiqué deux voies, l'une au milieu, l'autre au pourtour, afin de faciliter le classement et les mouvements des élèves et la circulation des maîtres et de leurs aides.

4. Des bancs fixés aux plancher seront placés dans le reste de la salle, avec un espace vide au milieu pour les évolutions.

Devant les bancs seront des cerc'es peints sur le plancher, des porte-tableaux et des touches : autour de la salle seront suspendus des tableaux de numération ou de caractères alphabétiques et d'autres tableaux présentant les premiers et les plus simples éléments de l'instruction primaire.

5. A côté de la salle d'exercices , il y aura un préau , en partie couvert et en partie découvert , d'une dimension au moins triple de la première salle.

Dans la partie découverte , dont on ménagera l'exposition de la manière la plus favorable à la santé des enfants , seront placés divers objets propres à servir de jeux.

Sous la partie couverte , il y aura des bancs qu'on pourra retirer et ranger à volonté.

Indépendamment de la partie couverte du préau , il y aura , autant qu'il sera possible , près de la salle d'exercices , une autre salle spécialement destinée aux repas , et servant de chauffoir pendant l'hiver ; on y disposera des planches pour recevoir les paniers des enfants , des bancs mobiles , des écuelles et autres ustensiles nécessaires.

6. Les lieux d'aisance seront placés de telle sorte que la surveillance en soit très-facile.

§ II. *Du mobilier.*

7. Le mobilier nécessaire aux salles d'asile comprend les objets ci-après énoncés : des champignons pour les casquettes , les vestes ou gilets , et les tabliers ; des baquets ou jattes , des sébilles de bois ou des gobelets d'étain , des éponges et des serviettes , une fontaine , un poêle , deux lits de camp sans rideaux ; une pendule , une clochette à main et une cloche suspendue ; un sifflet ou signal pour les divers exercices de l'intérieur , des tableaux , des porte-

tableaux et des touches, des ardoises et des crayons, une planche noire sur un chevalet, et des crayons blancs; un boulier-compteur ayant dix rangées de dix boules chacune; un ou plusieurs cahiers et porte-feuilles d'images, un cadre ou porte-gravures pour placer l'image qu'on veut exposer aux regards des enfants; une armoire où seront gardés les registres et les tableaux, ainsi que les matériaux et les produits du travail manuel.

§ III. — *Du personnel des maîtres et de leurs aides.*

8. Indépendamment du surveillant ou de la surveillante désignés par les articles 6, 7 et 8 de l'ordonnance du 22 décembre 1836, il y aura toujours, quel que soit le nombre des enfants, une femme de service dans chaque salle d'asile.

9. Lorsque le nombre des enfants s'élèvera au-dessus de cent, il devra y avoir, outre la femme de service, au moins deux personnes préposées à la surveillance; elles seront choisies et autorisées par le recteur de l'académie, conformément aux règles établies par le titre II de ladite ordonnance.

10. Les surveillants ou surveillantes des salles d'asile communales, leurs aides ou autres employés, ne recevront des familles aucun paiement ni rétribution, aucun cadeau ni offrande. Leur traitement leur sera remis directement par la caisse de la commune ou par une autre caisse agréée de l'autorité municipale.

§ IV. — *De l'admission des enfants.*

11. Seront admis dans les salles d'asile les enfants de l'âge de deux à six ans.

Au-dessous et au-dessus de cet âge, l'admission ne peut avoir lieu que sur l'autorisation formelle de la dame inspectrice de l'établissement.

12. Les parents doivent, avant l'admission, présenter au surveillant un certificat du médecin, constatant que leur enfant n'est atteint d'aucune maladie contagieuse, qu'il a été vacciné ou qu'il a eu la petite-vérole.

13. Chaque jour, avant d'amener leurs enfants à l'asile, les parents leur laveront les mains et le visage, les peigneront et auront soin que leurs vêtements ne soient ni décousus, ni troués, ni déchirés.

14. Il sera tenu, conformément au modèle n° 1 annexé au présent statut, un registre sur lequel seront inscrits, jour par jour, sous une même série de numéros, les noms et prénoms des enfants admis, les noms, demeures et professions des parents ou tuteurs, et les conventions relatives aux moyens d'amener ou de conduire les enfants.

15. Les asiles seront accessibles aux enfants tous les jours de la semaine; ils pourront même y être admis les jours fériés, pour des motifs graves dont la dame inspectrice sera juge. Néanmoins, le jours fériés les salles d'exercices seront fermées et les préaux seuls demeureront ouverts, sous la garde de la femme de service ou d'une autre personne agréée par la dame inspectrice.

16. Conformément à ce qui se pratique pour les écoles primaires soit de filles, soit de garçons, l'autorisation de tenir une salle d'asile ne donne que le droit de recevoir des externes; une autorisation spéciale sera nécessaire pour y admettre des enfants à titre de pensionnaires; cette autorisation spéciale ne pourra être accordée que par délibé-

ration du Conseil royal sur la proposition du recteur de
l'Académie.

§. V. — *Du partage des heures de la journée.*

17. Les salles d'asile seront ouvertes :

Du 1er mars au 1er novembre, depuis sept heures du
matin jusqu'à six heures du soir ;

Du 1er novembre au 1er mars, depuis neuf heures du
matin jusqu'au coucher du soleil.

18. Dans des cas d'urgence, sur lesquels il sera statué
par la dame inspectrice, les surveillants devront même
recevoir et garder les enfants soit avant, soit après les
heures ci-dessus déterminées.

Les conditions particulières auxquelles pourront donner
lieu les soins extraordinaires que prendront alors les surveillants et surveillantes seront également réglées par la
dame inspectrice, qui en fera son rapport au comité local.

19. Les exercices d'enseignement ont lieu chaque jour de
la semaine, pendant deux heures au moins et quatre heures
au plus : chacun de ces exercices ne dure jamais plus de
dix à quinze minutes.

§ VI. — *De l'inspection journalière.*

20. Les dames inspectrices ou leurs déléguées exerceront
continuellement une surveillance maternelle envers les enfants recueillis dans les salles d'asile ; elles étudieront les
dispositions des enfants ; elles dirigeront les surveillants et
surveillantes dans l'exécution du plan d'éducation tracé par
les règlements et les programmes.

Les visites auront lieu à diverses heures de la journée, de
manière à rendre la dame inspectrice témoin des exercices
et des récréations : elles auront notamment pour objet la
santé des enfants et les secours immédiats à distribuer aux
enfants pauvres de l'asile.

21. Un médecin sera attaché à chaque asile, et devra
le visiter au moins une fois par semaine ; il inscrira ses
prescriptions sur un registre particulier conforme au
modèle n° 2.

22. Dans chaque salle d'asile est déposé un registre conforme au modèle n° 3, sur lequel la dame inspectrice cons-

tatera le nombre des enfants présents, leurs occupations du moment et les observations qu'elle aura faites.

Ce même registre recevra les observations des personnes dénommées aux articles 24, 27 et 28 du présent statut.

23. Un tronc sera placé dans chaque asile; la clef en sera confiée à la dame inspectrice. Les deniers déposés dans ce tronc, ainsi que tous les autres fonds qui seraient donnés spécialement pour l'asile, seront administrés au profit de l'établissement, conformément à l'article 23 de l'ordonnance. L'argent sera employé à fournir des vêtements, soupes ou médicaments pour les enfants pauvres, infirmes ou convalescents qui fréquentent l'asile; il pourra aussi être appliqué aux menues dépenses qui seront jugées nécessaires.

L'indication de l'emploi de ces recettes fera partie du rapport trimestriel que les dames inspectrices feront au comité local de chaque arrondissement municipal, conformément aux articles 24 et 25 de l'ordonnance.

§ VII. — *De l'inspection des déléguées spéciales.*

24. Lorsque des fonds départementaux ou communaux, régulièrement votés, auront assuré le traitement d'une ou de plusieurs dames déléguées, conformément à l'article 26 de l'ordonnance du 22 décembre, le recteur de l'Académie, après en avoir conféré avec le préfet de chaque département du ressort académique, fera connaître au ministre de l'instruction publique les circonstances qui rendraient nécessaire la nomination de ces déléguées, et il sera procédé à leur nomination comme il est dit à l'article précité.

25. Les visites des déléguées spéciales auront pour principal objet, outre le rappel aux réglements, qui appartient à toute personne investie du droit d'inspection :

1o Le détail des dépenses, le bon emploi des fonds que le département ou la ville aura affectés au service des salles d'asile et généralement le régime économique ;

2o La pratique des méthodes et des exercices adoptés conformément à l'ordonnance ;

3o La surveillance disciplinaire à l'égard des maîtres et maîtresses et de leurs aides.

26. La dame déléguée spéciale devra exercer ses fonctions habituellement et sans mandat formel : elle inspec

tera, suivant la nature et l'étendue de son titre, toutes les salles d'asile du département, de l'arrondissement ou de la commune : elle adressera ses rapports sur chaque asile, au maire de la commune, et à Paris, au préfet de la Seine, pour ce qui touche le régime économique ; aux comités locaux et d'arrondissement, pour ce qui concerne la discipline et les méthodes.

Elle communiquera ses observations à la dame inspectrice, sur tout ce qui intéressera la santé des enfants et les soins physiques et moraux qui doivent leur être donnés.

§ VIII. — De la déléguée générale.

27. Les fonctions de la dame inspectrice permanente nommée en vertu de l'article 27 de l'ordonnance, *déléguée générale pour les salles d'asile*, s'exerceront à l'égard de tous les asiles de France, d'après une mission, soit du président de la commission supérieure, soit du ministre même de l'instruction publique.

Tous les asiles devront être ouverts à la déléguée générale : elle ne pourra rien ordonner ni rien prescrire ; mais elle examinera les divers établissements sous tous les rapports, se fera donner, par les surveillants et par les diverses autorités préposées aux asiles, tous les renseignements nécessaires sur chacun de ces établissements, et s'assurera si les réglements sont exactement suivis : elle recueillera ensuite ses observations, et adressera à la commission supérieure, d'abord un rapport séparé sur chaque asile, et, en définitive, un rapport général sur tous les établissements que sa mission aura dû comprendre.

Ces divers rapports seront l'objet des délibérations de la commission supérieure, et, s'il y a lieu, donneront naissance à des dispositions réglementaires, soit pour un ou plusieurs asiles, soit pour tous les asiles du royaume.

§ IX. — Des autres inspections.

28. Indépendamment de l'inspection journalière des dames inspectrices et de leurs déléguées, de l'inspection habituelle de la déléguée spéciale et de l'inspection annuelle de la déléguée générale, les salles d'asile seront soumises, conformément aux articles 18 et 28 de l'ordonnance, à l'inspection ordinaire : 1o des comités locaux et d'arrondissement, et, à paris, du comité central; 2o des inspecteurs et des sous-

nspecteurs de l'instruction primaire ; $\frac{3}{6}$ des inspecteurs d'Académie ;

Les recteurs des Académies et les inspecteurs généraux de l'Université devront aussi comprendre dans leurs tournées les établissements de cette nature qui mériteront une attention particulière.

Le président et les membres de la commission supérieure pourront à tout instant exercer dans tous les asiles ce même droit d'inspection, et adresser au ministre de l'instruction publique leurs observations sur tous et chacun de ces établissements.

29. Aux termes des articles 21, 22 et 29 de l'ordonnance du 22 décembre, les membres des comités d'arrondissement, et, à Paris, du comité central, pourront provoquer, auprès des commissions d'examen, le retrait du brevet d'aptitude de tout surveillant ou de toute surveillante dont les habitudes, les procédés et le caractère ne seraient pas conformes à l'esprit de l'institution : ils pourront de même ; en cas d'urgence, suspendre provisoirement lesdits surveillants ou surveillantes en rendant compte sur-le-champ de cette suspension et de leurs motifs au maire de la commune, et, à Paris, au maire de l'arrondissement.

30. Toutes les fois que les asiles seront visités par quelqu'un des fonctionnaires dénommés à l'article 20 et suivants du présent statut, les surveillants et surveillantes devront exhiber les registres de l'établissement, et répondre avec la plus grande exactitude aux questions qui leur seront adressées.

31. Les surveillants et surveillantes qui contreviendraient aux dispositions de l'article précédent pourront être punis pour cette contravention, conformément aux articles 21, § 2 et 3, et 22 de l'ordonnance.

32 Les surveillants ou surveillantes à qui le brevet d'aptitude ou l'autorisation auront été retirés, en exécution des articles 18 et 21 de l'ordonnance, pourront se pourvoir devant le ministre de l'instruction publique en Conseil royal, conformément à l'article 23 de la loi du 28 juin 1833, § 2 et 3.

§ X. — *Des visites du public.*

33. Les surveillants et surveillantes des salles sont autorisés à recevoir les visites des personnes qui désirent assister à quelques-uns des exercices.

Ils pourront néanmoins se refuser à recevoir ces visites lorsqu'elles leur paraîtront présenter quelque inconvénient pour la bonne tenue de l'asile, et ils devront, dans ce cas en référer, soit à la dame inspectrice, soit à la déléguée spéciale, soit enfin au maire de la commune ou de l'arrondissement municipal.

34. Les surveillants et surveillantes, dans leur charitable sollicitude pour les enfants pauvres, se feront un devoir d'inviter les visiteurs à déposer leurs offrandes dans le tronc placé à l'entrée de l'asile.

S'il est fait quelque don à découvert, il sera mentionné à l'instant sur le registre spécial dit des *visiteurs* et sur le registre de la dame inspectrice, en présence du donateur ; et l'emploi en sera fait, ou selon la destination qui aurait été indiquée, ou, à défaut d'indication particulière, dans les termes de l'article 23 du présent statut.

35. Lorsqu'une personne, aspirant aux fonctions de surveillant ou de surveillante, désirera suivre habituellement les exercices pratiqués dans une salle d'asile, et les pratiquer elle-même, à titre d'essai et d'étude, la dame inspectrice pourra donner l'autorisation d'assister auxdits exercices.

La dame inspectrice pourra retirer ou modifier cette autorisation, selon qu'elle le jugera convenable.

§ XI. — *De la tenue de registres.*

36. Il doit être tenu, dans chaque salle d'asile, cinq registres, savoir :

1o Le registre-matricule, prescrit par l'article 14 pour inscrire les admissions ;

2o Le livre du médecin, prescrit par l'article 21 ;

3o Le registre des inspections, mentionné dans l'article 22.

4o Le registre des visiteurs, indiqué dans l'article 34.

5o Le Livre des recettes et dépenses.

TITRE II.

DES SOINS QUI DOIVENT ETRE DONNÉS AUX ENFANTS.

37. Les salles et préaux doivent être nettoyés et balayés tous les matins, une demi heure avant l'arrivée des enfants.

38. A l'heure indiquée pour l'arrivé des enfants, le surveillant ou la surveillante doit les recevoir, faire sur chacun d'eux l'inspection de propreté, examiner, sous le rapport de

la quantité et de la salubrité, les aliments qu'ils apportent, exiger la remise du panier sur les planches disposées à cet effet, et sur tout cela adresser aux parents ou tuteurs les observations convenables.

L'enfant amené dans un état de maladie ne sera pas reçu ; il sera, selon les circonstances, ramené par ses parents, ou dirigé aussitôt vers la demeure du médecin.

39. Les surveillants et femmes de service, pénétrés de la sainteté du dépôt qui leur est confié dans la personne de ces petits enfants, doivent s'attacher de cœur et d'âme, à remplir leur mission avec une douceur inaltérable et une patience toute chrétienne.

Les enfants ne doivent jamais être frappés. La dame inspectrice veille avec le plus grand soin à ce qu'il ne soit jamais infligé de punitions trop longues ou trop rudes.

40. Le surveillant ou la surveillante doivent toujours être présents aux exercices et aux récréations ; ils doivent se maintenir en possession d'obtenir, à tout instant et au premier signal convenu, un silence immédiat et complet.

41. Tous les soins de propreté et d'hygiène nécessaires à la santé des enfants seront immédiatement donnés par les surveillants et surveillantes ; les enfants qui se trouveraient fatigués ou incommodés seront déposés sur le lit de camp ou dans le logement du surveillant, jusqu'à ce qu'on puisse les rendre à leur famille.

42. Les mouvements des enfants et les jeux appropriés à leur âge seront dirigés et surveillés de manière à prévenir toutes disputes et tous accidents fâcheux. Le sol du préau sera toujours garni d'une forte couche de sable.

43. Les heures de récréations offrent à des surveillants attentifs et intelligents des occasions continuelles d'instructions et de remontrances relativement à la propreté, à la tenue, à la politesse. Les mille petits incidents de chaque journée peuvent servir de texte à d'utiles leçons qui ne s'oublieront jamais et qui porteront dans la suite les plus heureux fruits.

44 Le surveillant doit constater, chaque jour, les absences et les présences, non en faisant subir un appel à des enfants si jeunes, mais en lisant tous les noms inscrits sur le registre matricule, et se faisant aider dans ses observations par

la femme de service et par quelques-uns des enfants les plus
âgés.

45. Lorsque, après la dernière heure de classe ou de récréation, les enfants, malgré les représentations les plus ins-
tantes faites habituellement aux parens ou tuteurs, ne sont
pas immédiatement repris par leurs familles, les surveillants
ou surveillantes doivent les retenir, afin qu'ils ne soient p..s
exposés à se trouver seuls dans les rues, et, en conséquence,
continuer leurs soins jusqu'à ce que chaque enfants soit remis
en mains sûres.

Si les parents, après avoir été duement avertis, retombent
dans la même négligence, la dame inspectrice pourra autoriser le surveillant à ne plus admettre l'enfant à la salle d'asile.

46. En cas d'absences réitérées d'un enfant, sans motif
connu d'avance, le surveillant s'informera des causes qui auront pu occasionner cette absence, et en tiendra note pour en
instruire la dame inspectrice.

47. Le dimanche et les autres jours fériés, les surveillants
et surveillantes devront, si les parents le désirent, réunir les
enfants les plus avancés à la salle d'asile pour les conduire à
l'office divin.

Il conviendra aussi que, dans ces mêmes jours, les surveillants visitent ceux des élèves qui seraient malades, causent
avec les parents du caractère et de la conduite de leurs enfants, des défauts et des fautes qui méritent leur attention
particulière, s'entretiennent, avec le maire de la commune
et avec les personnes bienfaisantes, des besoins les plus pres-
sants de certains enfants ou de l'établissement même.

TITRE III.

DES EXERCICES PRATIQUÉS DANS LES SALLES D'ASILE.

48. Il y a dans les salles d'asile trois sortes d'exercices,
qui ont pour objet le développement physique, moral ou
intellectuel des enfants confiés à ces établissements.

49. Les exercices corporels consistent principalement dans
des jeux variés et proportionnés à l'âge des enfants, et dans
les mouvements auxquels donnent lieu les diverses leçons indiquées par les réglements.

50. Les exercices moraux tendront constamment à inspirer
aux enfants un profond sentiment d'amour et de reconnais-

sance envers Dieu, à leur faire connaître et pratiquer leurs devoirs envers leurs pères et mères, envers leurs maîtres et tous leurs supérieurs ; à les rendre doux polis et honnêtes dans leurs relations avec leurs camarades, et, en général, avec les autres hommes.

Cette instruction morale et religieuse sera donnée, non par de longues allocutions, mais par de bonnes paroles dites à propos, par de courtes réflexions mêlées aux récits les plus touchants tirés de l'histoire sainte et des autres livres désignés par l'autorité compétente, et surtout par des exemples constants de charité, de patience et de piété sincère.

51. Les exercices d'enseignement seront exactement renfermés dans les limites de l'instruction la plus élémentaire, telle qu'elle est déterminée par l'article 1er, § 2 de l'ordonnance du 22 décembre 1837.

52. Il sera statué, par des règlements spéciaux pour les asiles de chaque département, sur le détail de l'emploi de toutes les heures de la journée et sur la répartition des divers objets d'enseignement.

Les recteurs recueilleront les programmes qui ont été suivis jusqu'à présent dans les asiles actuellement établis ; et, après avoir pris l'avis des comités d'arrondissement, ils adresseront leurs propositions au ministre de l'instruction publique, pour être examinées en Conseil royal.

Approuvé.   *Le conseiller vice-président,*
Le ministre grand maître   VILLEMAIN.
de l'Université,   *Le conseiller exerçant les*
SALVANDY.   *fonctions de secrétaire,*
                              V. COUSIN.

FIN.

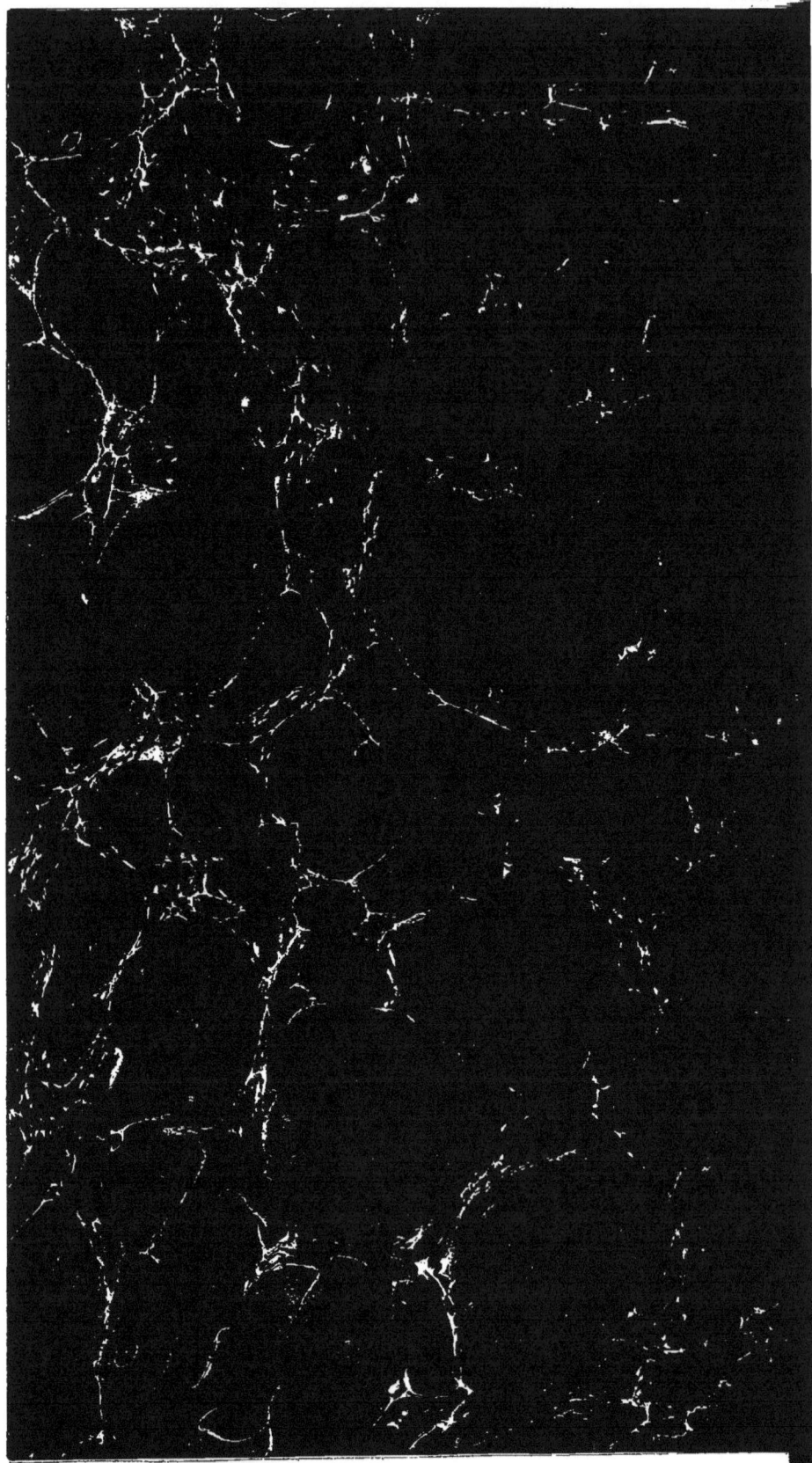

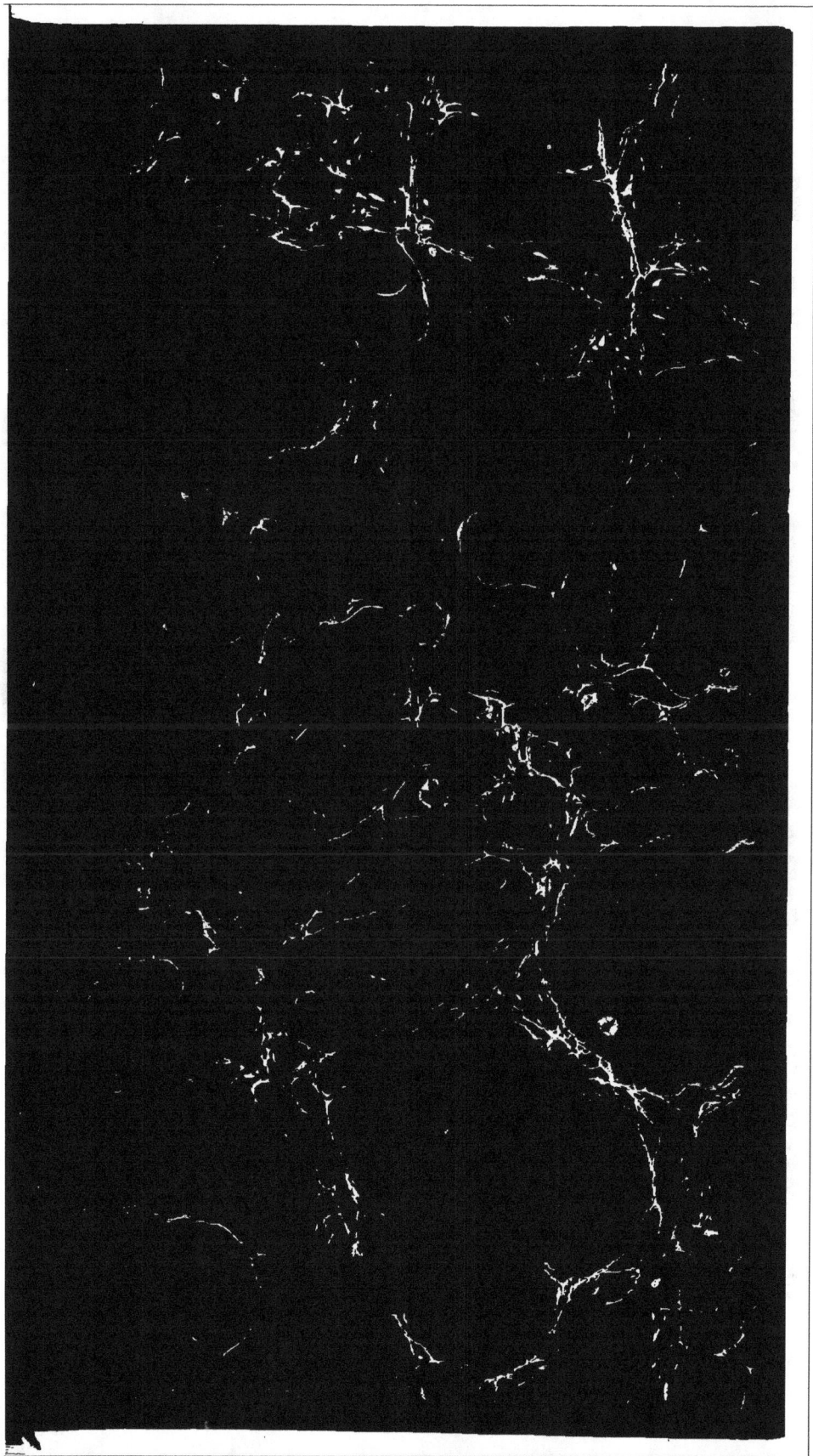